# 이슬람 원리주의와 테러리즘

김진홍 지음

킹덤북스
Kingdom Books

# 이슬람 원리주의와 테러리즘

| | |
|---|---|
| 발행 | 2024년 3월 22일 |
| 지은이 | 김진홍 |
| 발행인 | 윤상문 |
| 디자인 | 표소영, 박진경 |
| 발행처 | 킹덤북스 |
| 등록 | 제2009-29호(2009년 10월 19일) |
| 주소 | 경기도 용인시 기흥구 동백동 622-2 |
| 문의 | 전화 031-275-0196  팩스 031-275-0296 |

ISBN 979-11-5886-289-3  03230

Copyright ⓒ 2024 김진홍
이 책은 저작권법에 따라 보호받는 저작물이므로 무단전재와 복제를 금지하며,
이 책의 내용의 전부 또는 일부를 이용하려면 반드시 저작권자와 킹덤북스의
서면 동의를 받아야 합니다.

※ 잘못된 책은 구입한 곳에서 교환하여 드립니다.
※ 책 가격은 표지 뒷면에 있습니다.

 킹덤북스(Kingdom Books)는 문서 사역을 통해 하나님의 나라를 확장하고, 한국 교회와 세계 교회를 섬기고자 설립된 출판사입니다.

# 이슬람 원리주의와 테러리즘

김진홍 지음

킹덤북스
Kingdom Books

## 들어가는 말

# 이슬람 테러리즘에 관심을 두게 된 동기

**왜 이 글을 쓰는가?**

이 글에서 주장하고자 하는 바는 '이슬람 원리주의란 씨앗을 배태한 이슬람은 적절한 정치·사회·경제적 환경이 조성될 때 그 씨앗이 발아하여 테러리즘을 꽃피우게 된다.'이다. 혹자는 이런 주장을 논리적인 비약이라고 반박한다. 즉 '이슬람은 이슬람 원리주의와 상관이 없을 수도 있고, 이슬람 원리주의는 이슬람 테러리즘으로 가지 않을 수도 있다.'라는 것이다. 그렇게 되길 간절히 바란다. 그러나 이슬람의 역사와 현실은 그렇지 않다. 이 사실을 이슬람 원리주의 역사와 배경을 탐구함으로써 논증하려고 한다. 역사와 현실을 극구 부정하려고 하는 것은 합리적이지 않다. 합리성과 상식을 배제하면 그 논박은 궤변일 뿐이다.

무슬림의 신앙 형태는 다양하다. 전통주의자로부터 갱신주의자(타즈디드, renewal)에 이르기까지 무슬림의 스펙트럼은 넓다. 그뿐만 아니라 이슬람은 정적이지 않다. 지금도 변화되고 있다. "요즘 무슬림 청년들이 무신론자들로 되어간다."라는 이맘의 한탄을 들은 적이 있다. 그만큼 무슬림의 생각이 달라지고 있다. 그러나 이 책에서는 이슬람 원리주의에 집중하려고 한다. 그 이유는 여전히 이슬람 세계를 이끄는 것은 이슬람 원리주의라는 필자의 확신을 버릴 수 없기 때문이다.

### 이슬람 원리주의에 관심을 갖게 된 동기는?

필자는 1989년부터 2003년까지 이집트에서 선교사로 15년 동안 사역하였다. 사역 기간에 충격적인 사건들이 일어났다. 그중에 몇 가지를 소개한다.

1988년에 노벨 문학상을 수상한 나깁 마흐푸즈(Naguib Mahfouz) 박사의 암살 사건이 1994년 10월에 일어났다. 마흐푸즈 박사는 이집트인 무슬림이었지만, 이슬람 원리주의자들로부터 테러를 당했다. 그는 근무하던 대학에서 일을 끝내고 집으로 돌아오는 중에 길에서 칼을 든 여러 명의 이슬람 원리주의자들의 공격을 받았다. 당시 마흐푸즈 박사의 나이는 83세였고,

칼에 찔려 살해당했다.

또 다른 희생자는 파라그 포다(Farag Fouda) 박사로 그는 농학자였다. 포다 박사는 평범한 무슬림으로서 이집트와 아랍 국가들 그리고 세계를 향해 이슬람 원리주의의 위험성에 대해 경고했다. 그는 1992년 6월 8일에 암살당했다. 다음은 그가 쓴 글이다.

"우리 역사 속에서 현재는 어떤 시대일까? 이 시대는 한 사람이 질문을 하면 반대편 무리가 총알로 대답하는 시대이다. 여러 번 나는 자문했다. 우리 이집트 역사 속에서 지금 우리가 겪는 이 시기는 무엇일까? 우리는 여기서 벗어날 수가 있을까? 지금 시대는 의견이 있거나 하고 싶은 말이 있으면, 먼저 기관총을 쏠 줄 알거나 무도의 검은 띠를 따야만 하는 것인가? 우리가 이 때문에 물러서거나 그만둘 것이라고 그들이 생각한다면 정말 크게 오해하고 있다. 그들의 행동이 우리를 겁먹게 할 것으로 생각했다면 오산이다! 단 일 초라도 우리가 글을 쓰는 펜을 내려놓거나 의견을 소리 내어 말할 입을 다물 것으로 생각했다면 그들은 불가능한 것을 기대하는 것이다. 이것은 용기의 문제가 아니라 논리의 문제다. 민주주의를 지키기 위해, 국가의 하나 됨을 위해 죽는 것이 이런 비열한 사상을 가지고 사는 것보다 낫다. 옳은 것을 위해 죽는 것이 그들의 어리석음과 독재적인 권위 아래에 사는 것보다 낫다. 나는 내 삶을 그들에게 주느니 남은 일생을 포기하고 무덤에 들어가 눕겠다."[1]

1997년 11월 17일에 58명의 외국인 관광객과 이집트 자국민 4명의 목숨을 앗아간 룩소르 테러 사건이 일어났다. 이 사건은 이슬람 원리주의자들의 조직인 '알 자마 알 이슬라미야'의 소행으로 추정되었다. 그들은 미국에 구금 중인 정신적인 지도자인 쉐이크 오마르 압델 라흐만(Sheik Omar Abdel Rahman)[2]과 이집트에 투옥중인 이슬람 원리주의자들의 석방을 촉구하기 위하여 테러를 자행했다고 주장했다.

그러던 중 이슬람 원리주의 단체인 '알 카에다(al-Qaeda)'[3]는 2001년 9월 11일 소위 '9.11 테러 사건'를 일으켰다. 이슬람 테러리스트들은 비행기 네 대를 납치하여 세계무역센터와 미국 국방성으로 잘 알려져 있는 펜타곤의 건물 일부를 파괴하였다. 건물이 붕괴하고, 수천 명의 인명 피해가 났다. 비행기에 탄 사람들이 모두 사망한 것은 말할 것도 없다. 이때 이집트의 무슬림들이 보여준 반응은 가히 충격적이었다. 카이로대학교를 중심으로 승리를 자축하는 거리 행진이 있었다. 차를 마시는 카페마다에 오사마 빈 라덴(Usama bin Ladin)의 초상화가 걸렸다. 그들은 엄지척하면서 오사마 빈 라덴을 '이슬람의 희망'이라고 말했다.

이런 사건들을 현장에서 목격하면서 필자는 스스로 많은 질문을 했다.

- 왜 종교의 이름으로 무고한 사람들에게 테러를 가하는가?
- 왜 자살테러로 기꺼이 자기 목숨을 버리는가?
- 왜 이슬람 테러리스트들은 서방을 공격하는가?
- 왜 평범한 무슬림들은 이런 파렴치한 사건들을 일으킨 이슬람 테러리스트들을 찬양하는가?
- 이슬람 테러리스트들이 테러를 자행하는 목적은 무엇인가?

사건들의 배경에는 이슬람 원리주의가 있었고, 지하드가 있었다. 지난 1983년에 있었던 뉴욕의 세계무역센터에 대한 첫 번째 자살폭탄 테러의 주모자였던 쉐이크 오마르 압델 라흐만은 "쿠란에 평화나 사랑, 용서에 대한 가르침은 없습니까?"라는 질문에 이렇게 답한 적이 있었다.

"형제여, 통째로 '전리품(Spoils of war)'이라는 제목이 붙여진 수라는 있어도 '평화'라는 제목의 수라는 없다네. 지하드와 살인은 이슬람의 머리라네. 그것을 뺀다면 이슬람의 머리를 자르는 것과 같아."[4]

테러리스트들은 단순히 정신 이상자들이 아니다. 다른 사람을 죽이고 정신적인 즐거움을 느끼는 사이코패스들은 더더구나 아니다. 그들은 자기들의 종교적인 신념에 따라 행동하고 있을 뿐이다. 그들의 종교적 신념은 이슬람 원리주의에 바탕을 둔다.

## 입국 거부!

지난 2006년 5월 18일 새벽 1시 무렵 '00교회 성지 순례단'을 태운 이스탄불 출발 터키 항공기는 카이로 국제공항 상공을 선회하며 착륙 준비를 하였다. 비행기 아래에 펼쳐진 카이로의 야경은 여전히 절경이었다. 이집트의 젖줄이라는 나일강은 점점이 박힌 가로등 사이에서 어둠을 토해내고 있었다. 15년 동안 살았던 추억들을 다 회상해 낼 듯 몰입하고 있는데 일행 중 한 분이 "목사님, 고향에 오시는 것 같지요?"라며 나의 몽상을 흔들어 깨웠다.

일행이 입국장을 다 빠져나가고, 삐걱거리며 부산하게 짐을 실어 나르던 짐차들도 이제 제자리를 찾았다. 몇몇 출입국 관리들의 발걸음이 없었더라면 한적한 시골 간이역처럼 느끼게 하는 그런 깊은 밤이었다. 사건은 그때부터 시작되었다. 공항 담당 보안 책임자는 출입국 관리로부터 건네받은 내 여권을 만지작거리고 있었다. 담당관 앞에 놓여있는 낡은 팩스기는 굉음을 내며 나에 관한 정보들을 끊임없이 토해냈다. 물어볼 것도 없다는 듯이 한 마디 질문도 하지 않았다. 침묵이 공포를 자아냈다. 나무 의자에 앉아 애써 태연한 척했지만, 날카로운 보안 책임자의 눈길은 한없이 부담스러웠다. 두 시간이나 흘러갔다. '도대체 이 사람들이 나를 어떻게 할 작정일까….' 보안 장교들은 내가 아랍어를 알아듣는다는 것을 의식했는지 귓속말로 밀담을 나누었다. 그중 한 사람이 비행기 표를 내놓으라고 했다. 나를 데리고 어둡고 긴 복도를 지나갔다. 모퉁이를 지키고 있던 경찰관들이 졸다가 벌떡 일어나 경례하고 힐끔힐끔 무슨 범죄자를 바라보듯이 나를 쳐다보았다. 그런 익숙하지 않은 분위기가 나의 처지를 알려주는 것 같았다. 도착한 곳은 카이로 국제공항 출국장 보딩 패스(boarding pass)를 하는 데스크였다. 그제야 나는 '입국 금지를 당하는구나!'라는 사실을 인정하게 되었다. 원하지 않는 비행기 표를 받아들고 그 긴 통로를 다시 걸어오면서 나를 인솔하는 보안 장교에게 한마디 했다. "내가 15년 동안 한결같이 빈민 지역인 '쇼브라'에서 당신의 형제들을 섬겼는데 나를 이렇게 대우할 수 있느냐?" 장교는 얼굴이 붉어지더니 이렇게 대답했다. "미안하다. 우리는 당신이 우리를 위해 수고했다는 사실을 잘 안다. 고맙다. 그러나 이 조치는 위에서 결정한 일이다." 항공기 승무원이 내 여권을 소지하고 뒷자리로 안내했다. 영락없는 범죄자가 되어 비행기 꽁무니에 자리를 잡았다. 내 여권도 받지 못한 채….

이슬람 땅에서 선교사로 사역하면서 당했던 어려움은 비단 이 일만은 아니었다. 시골 교회를 방문했다가 민병대에 잡혀

'소하그' 경찰국에 하룻밤을 새우며 조사받던 일, 카이로 시내에 있는 국가안전기획부 본부의 종교담당관에게 심문당한 일, 사역 현장에서 일단의 무슬림 주민들로부터 구타당한 일. 그런 순간마다 내 마음을 붙잡은 하나님의 말씀이 있었다. 그것이 바로 빌립보서 1장 6절의 말씀이었다.

> "너희 안에서 착한 일을 시작하신 이가 그리스도 예수의 날까지 이루실 줄을 우리는 확신하노라."

그렇다고 무슬림을 향한 무슨 원망이나 불만을 품은 것은 아니다. 필자에게 좋은 이집트 무슬림 친구들이 많이 있다. 이집트인들은 정이 많고 따뜻하다. 길을 물어보면 자기 볼일을 제쳐놓고 목적지까지 안내해 주는 사람들이다. 15년 동안 함께 살면서 낯을 붉히거나 인간관계가 불편해진 적은 한 번도 없었다. 지금도 "인타, 와히시니!(당신, 보고 싶었어!)라는 인사말이 귀에 들리는 듯하다. 그들과의 정감 넘치는 교제를 20년이란 세월이 흘렀지만, 아직도 잊을 수가 없다.

한국 사회는 무슬림을 사랑해야 하나 이슬람을 경계해야 한다. '무슬림을 사랑하되 이슬람을 경계하자.'라는 말은 논리적으로 모순이다. 왜냐하면 한 인격 안에서 삶과 종교를 분리할 수 없기 때문이다. 그 말이 모순되기는 하나 현재로서는 그 이상의 적절한 표현을 찾기 어려워 부득불 사용하기로 한다.

이슬람 포비아(Islam phobia)라는 말이 있다. '이슬람'이란 종교와 싫어한다는 뜻의 '포비아'가 합쳐진 말이다. 즉 이슬람 국가나 이슬람에 대하여 공포를 느끼거나 혐오하는 현상을 말한다. 필자는 이슬람 포비아를 조성할 의도도, 그럴만한 능력도 없다. 다만 필자가 현장에서 보고 느낀 것을 알려야 한다는 어떤 부담감 때문에 펜을 든 것이다. 필자는 감리교신학대학교에서 고 윤성범 박사로부터 유교에 바탕을 둔 '誠의 신학'을, 고 변선환 박사로부터 선불교에 바탕을 둔 '타 종교와의 대화'를 배웠다. 따라서 타 종교를 이해하고, 관용하는 폭이 넓다고 자부한다. 타 종교를 혐오하는 것은 싫다.

### 글의 구성과 내용

이슬람 신학과 전통을 무슬림의 정체성으로 공부한 것이 아닌데 혹시 남의 종교를 곡해할 수 있지 않을까 하는 조심스러움이 있다. 그러나 멀리서 보면 전체를 잘 볼 수 있는 것처럼 밖에서 보면 안에서 볼 수 없는 것들을 더 잘 볼 수도 있다. 독선적인 사람은 자기 의견만 주장하지만, 성숙한 사람은 다른 사람의 의견을 경청한다. 이런 점에서 이 책은 기독교인뿐만 아니라 무슬림도 한 번쯤 살펴볼 필요가 있다고 생각한다.

책 대부분은 여러 곳에서 강의한 내용을 새벽기도를 끝낸 후 주제에 맞게 정리한 것이다. 책의 구체적인 내용은 다음과 같다.

들어가는 말로 필자가 이슬람 원리주의에 관심을 두게 된 동기를 밝히고자 한다.

1부에서 이슬람 원리주의에 관해 설명을 하려고 한다. 구체적으로 이슬람 테러리즘이 발생한 원인에 대한 이론들, 이슬람 원리주의와 지하드의 관계, 이슬람 원리주의가 부활하게 된 역사적인 배경 등을 살펴볼 것이다.

2부에서 근대 이슬람 원리주의 활동들을 설명하려고 한다. 와하비즘으로부터 시작하여 무슬림 형제단, 쿠트비즘, 호메이니의 이란 이슬람 혁명, 탈레반, 오사마 빈 라덴과 알 카에다, I.S.(이슬람 국가), 보코하람, 동남아의 자마 이슬라미야, 팔레스타인의 하마스에 이르기까지 우리 귀에 낯설지 않은 내용들을 구체적으로 살펴볼 것이다.

3부는 국내 이슬람 원리주의 활동에 관한 내용이다. 한국 이슬람 현황, 국내 무슬림 이주민 현황, 국내에 보도된 이슬람 원리주의자들의 활동을 살펴볼 것이다.

나가는 말로 이제 한국은 이슬람 테러리즘으로부터 안전지대가 아니라는 사실을 인지하고, 몇 가지 대책을 제안함으로써 글을 마치려고 한다.

글을 씀에 있어서, 외국인 이름은 가능하면 한국어(영어, 연대)로 표기하고, 이슬람 용어는 한국어로, 그 뜻을 괄호 속에 표기하고자 한다. 쿠란 인용은 '김용선' 역본[5]을 중심으로, 장, 절로 표기하기로 한다.

### 감사의 인사

글의 내용을 정리하는 데 있어서 정말 많은 분의 도움을 받았다. 될 수 있는 대로 현장의 분위기를 생생하게 전하고 싶어서 현지의 선교사들로부터 많은 신세를 졌다. 보안상 이름을 밝힐 수 없다는 점을 양해해주길 바란다. 책이 나올 때마다 매의 눈으로 교정해 주시고 역작으로 빚어내는 '킹덤북스(Kingdom Books)' 대표 윤상문 목사님께 감사를 드려야 할 것 같다. 그의 격려와 조언이 없었더라면 이 책 또한 세상에 나올 수 없었을 것이다. 마지막으로 이 글의 배경이 되는 이집트에서 15년 동안 필자의 곁에서 묵묵히 동역해 준 아내 어희숙에게 이루 말할 수 없는 고마운 마음을 전한다.

2024년 3월 1일
수표교교회에서 김진홍 드림

# 목차

**들어가는 말** 이슬람 테러리즘에 관심을 두게 된 동기 · 04

## 1부 이슬람 원리주의

- 1장 이슬람 테러리즘이 발생한 원인에 대한 이론들 · 18
- 2장 이슬람 원리주의란? · 28
- 3장 이슬람 원리주의와 지하드 · 36
- 4장 이슬람 원리주의 부활의 역사적 배경 · 56

## 2부 근대 이슬람 원리주의 활동들

- 5장 와하비즘과 사우디아라비아 · 70
- 6장 무슬림 형제단과 이집트 · 81
- 7장 쿠트비즘 · 96
- 8장 호메이니와 이란 이슬람 공화국 · 109
- 9장 사이드 아불 알라 알 마우두디와 파키스탄 · 127
- 10장 탈레반과 아프가니스탄 · 142
- 11장 오사마 빈 라덴과 알 카에다 · 160
- 12장 IS의 생성, 궤멸 그리고 생성 · 174
- 13장 보코 하람과 나이지리아 · 188
- 14장 자마아 이슬라미야와 인도네시아 · 197
- 15장 하마스와 이스라엘 전쟁의 진실 · 210

## 3부 국내 이슬람 원리주의 활동들

- 16장 한국 이슬람 현황 · 224
- 17장 국내 무슬림 이주민 현황 · 234
- 18장 국내 이슬람 원리주의 활동들 · 251

**나가는 말** 이슬람을 경계해야 하는 이유 · 260

**미주** · 267

# 1부

## 이슬람 원리주의

## 1장

# 이슬람 테러리즘이 발생하는
# 원인에 대한 이론들

 이슬람 테러리즘이 발생하는 근본 원인은 이슬람 원리주의이다. 일반적으로 이슬람 테러리즘이 발생하는 원인은 다양하고, 복합적이라고 인식된다. 그래서 이슬람 테러리즘의 원인을 독재 빈곤 무지 등 정치·경제·사회적인 환경, 서구 제국주의의 침탈, 이스라엘-팔레스타인의 분쟁 등으로 보려는 시각이 있다. 따라서 이 글에서는 이슬람 테러리즘이 발생하는 원인을 살펴보면서 그 근본 원인은 이슬람 원리주의임을 밝히려고 한다.

### 1. 정치, 경제, 사회적인 환경

이슬람 테러리즘이 발생하는 원인을 정치, 경제 등 사회적인 환경 때문이라고 주장하는 이들이 있다. 이슬람 테러리즘이 빈곤 때문일까? 팔레스타인의 저널리스트 카레드 아마이레흐(Khaled Amayreh)는 「예루살렘 포스트」에 다음과 같은 논지의 글을 기고했다.

> "이스라엘 내에서 발생하는 이슬람 테러리즘이 다른 지역과 마찬가지로 빈곤과 낙후의 산물이라고 주장하는 이들이 있다. 그러나 이것은 터무니없는 주장이다. 이슬람 원리주의는 빈곤의 산물이 아니다. 대다수의 이슬람 원리주의자와 그 지지자들이 중산층, 혹은 그 상위의 사회 경제적 지위를 누리고 있다는 사실은 이미 몇몇 조사와 연구를 통해 밝혀진 바 있다. … 이 사실은 이슬람 원리주의가 경제적인 빈곤에서부터 자라나는 것이라는 일반적인 통념을 부인한다."[6]

소련의 아프가니스탄 침공 당시 이슬람 원리주의자들의 발전 과정을 연구한 마크 세이지맨(M. Sageman)은 그의 책 『Leaders Jihad』에서 대다수 테러리스트는 중산층 출신이라고 밝혔다. 그의 설명을 들어보자.

> "… 상위 계층의 인물로는 오사마 빈 라덴이 대표적이다. 건축

> 업계 대부의 아들이었던 그는 부유한 환경에서 사우디아라비아의 왕자들과 함께 자랐다. 빈 라덴의 뒤를 이은 아이만 알 자와히리 또한 같은 부류에 속한다. 그는 이집트의 명망 가문 출신으로, 그의 할아버지는 외교와 학계에서 상당한 권위자였으며 삼촌은 아랍 연맹의 초대 사무총장을 지낸 인물이었다."[7]

따라서 이슬람 테러리즘의 원인은 빈곤 때문이라는 이론은 적절하지 않다. 그렇다면 이슬람 테러리즘은 교육의 부족 때문일까? 혹자는 이슬람의 교리를 제대로 알았다면 결코 그런 테러를 할 수 없다고 주장한다. 그러나 ISIS의 조직원 아크사 마흐무드의 고백은 이 부분을 이해하는 데 도움이 된다. 그는 ISIS에 들어간 배경과 동기를 다음과 같이 고백했다.

> "내가 만난 대부분의 자매는 대학 교육을 받는 앞날이 창창한 친구들이었으며, 행복한 대가족과 많은 친구와 함께 지내는 이들이었다. 던야(Dunyah, 지상 세계)의 모든 것이 이들 친구를 묶어 그 자리에서 호화로운 생활을 즐기라고 유혹했다. … 만일 우리가 그곳에 그대로 있었더라면 우리는 막대한 부를 배경으로 편안하고 안락한 삶을 누릴 수 있었을 것이다. 그러나 우리는 알 아크히라(al-akhira 사후 세계)를 위해 이 모든 것을 희생했다. 우리는 세뇌당한 멍청하고 어리석은 여자들이 아니다. 우리

는 오직 알라를 위하여 시리아에 왔다."⁸

이들의 최우선 목표는 샤리아가 인간의 법을 대체하여 다스리는 이슬람 신정 국가를 건설하는 일이다. 따라서 이슬람 테러리즘은 이슬람에 대한 무지 때문에 일어난다는 주장에 동의하기 어렵다.

## 2. 이스라엘 팔레스타인 분쟁

이슬람 테러리즘은 이스라엘-팔레스타인의 영토 분쟁이 원인이라고 주장하는 이들도 있다. PLO(팔레스타인 해방기구)가 테러를 자행했을 때 사람들은 이슬람 테러리즘이 이스라엘의 점령지 문제와 관련이 있을 것으로 생각했다. 그러나 1989년부터 1992년까지 워싱턴 DC 주재 이스라엘 대사관에서 근무한 요람 에팅거(Yoram Ettinger)는 이렇게 주장한다.

"1988년 케냐와 탄자니아의 미 대사관 폭탄 테러(사망 257명, 부상 4,000여 명 이상)는 빌 클린턴 대통령이 당시 이스라엘 총리 벤 야민 네타냐후를 강력하게 압박하고 있던 상황에서 벌어졌다. … 1993년 2월의 세계무역센타 폭탄 테러(사망 6명, 부상

1,000여 명 이상)가 일어났을 때 이스라엘은 PLO(팔레스타인 해방 기구)와 오슬로 협정 체결을 준비 중이었다."[9]

이런 예들로 봤을 때 이슬람 테러리즘은 이스라엘-팔레스타인의 영토 분쟁 때문이라는 주장은 너무 순진하다. 이스라엘-팔레스타인에 대한 이슬람 테러리스트들의 이데올로기에 다음과 같은 이슬람 원리주의 요소가 존재한다.

첫째, 반유대주의이다. 이슬람 테러리스트들은 쿠란, 수나와 하디스 등 방대한 양의 자료들을 가져와 유대인 혐오를 정당화한다. 그들에게 있어서 유대인은 무슬림의 영원한 적이다. 이들은 반드시 복속해야 할 존재로, 세금을 매기거나 혹은 죽여야하며 훗날 심판의 날이 다가올 때까지 맞서 싸워야 할 자들이다.

둘째, 이슬람은 한 번 점령한 영토나 땅을 영원히 이슬람의 지배권 아래 두려고 한다. 「무슬림 형제단의 요청」(The Call of the Muslim Brotherhod)에는 다음과 같은 강령이 있다,

"무슬림 신앙은, 쿠란의 교리에 자신의 영혼을 흠뻑 적신 모든 강인한 무슬림이라면 다른 모든 무슬림을 지키는 것이 그들의 의무라는 점을 명확하게 밝힌다. … 신앙에 사랑과 미움 말고 다른 것이 있던가? 이제 우리는 알라의 깃발이 한때 이슬람 안

> 에서 행복을 누렸던 모든 지역에서 다시 한번 높이 휘날리기를 원한다. (중략) 안달루시아, 시칠리아, 발칸반도, 그리스 섬. 이 모든 곳은 무슬림의 식민지이자 다시금 무슬림의 품으로 돌아와야 할 곳들이다. 지중해와 홍해는 이전에 그랬던 것처럼 무슬림의 두 강줄기가 되어야 한다…."

팔레스타인을 보는 무슬림의 시각이 바로 그런 경우이다. 팔레스타인은 무슬림의 지배를 받았던 땅이었으나(이슬람계 투르크 왕족 및 이슬람 아랍 왕족 치하에 있었음) 이후 UN 결의에 따라 유대인에게 돌아갔다. 다음은 '하마스 헌장 제 11조'를 발췌한 내용이다.

> "팔레스타인의 아주 작은 영토라도 포기할 수 없다. 그 어떤 단일 아랍 국가나 다수의 아랍 국가일지라도, 그 어떤 왕이나 대통령, 혹은 모든 왕과 대통령이라 할지라도, 그 어떤 단일 단체 혹은 모든 단체라 할지라도 그 영토에 대한 권리를 (포기할 수 없다.) 팔레스타인은 이슬람의 와크프[10] 영토이며 심판의 날까지 미래의 무슬림 세대들을 (위해) 축성된 것이다. 이러할진대 누가 심판의 날 이전까지 무슬림 세대를 대표할 권리를 주장할 수 있단 말인가?"[11]

따라서 이슬람 테러리즘은 이스라엘-팔레스타인의 영토 분쟁에 있다기보다는 더 근본적으로 이슬람 원리주의에 있다고 보는 것이 타당하다.

### 3. 서구 제국주의의 침탈

이슬람 테러리즘의 원인을 서구 제국주의 침탈과 미국의 반이슬람 정책 때문이라고 보는 시각이 있다.

이슬람 테러리즘을 양산하게 된 원인은 서구의 식민주의 때문이 아니다. 이슬람 원리주의의 급진화와 식민주의는 아무런 관련이 없다. 예를 들어 9.11 테러를 일으킨 주범 열아홉 명 중 열다섯 명은 사우디아라비아 국적이었다. 사우디아라비아는 단 한 번도 서구 제국주의의 지배를 받아본 적이 없으며, 다만 이슬람 제국인 오스만 제국의 식민지였을 뿐이었다. 전 이슬람 원리주의자였던 이집트의 타우피크 하미드(Tawfik Hamid)는 다음과 같이 주장했다.

> "서구 제국주의는 지하드를 불러일으키지 않았다. 그와는 정반대로, 서구가 이슬람 국가들을 지배했을 때는 샤리아와 이슬람 원리주의자들에 의한 범죄가 급격하게 줄어드는 경향을 보였다. 사실 이슬람 국가들은 지금보다 서구에 점령되었을 당시에

여러모로 더 나은 삶을 누렸다. 당시에는 자살 폭탄 테러라든가 관광객들을 공격하고 납치하는 사건 등은 사실상 들어본 적이 없었다."[12]

이슬람 테러리즘은 미국의 반이슬람 정책 때문도 아니다. 예를 들어 오사마 빈 라딘(Osama Bin Laden)은 1990년부터 사우디아라비아에 미군이 주둔한 것에 대하여 분노한 사람이었다. 그러나 미군은 사우디아라비아의 요청으로 이라크의 위협으로부터 사우디아라비아를 보호하고, 쿠웨이트를 해방하기 위해 주둔했고, 아랍 연맹의 승인까지 받은 상태였다. 미국은 9.11 테러로 수천 명의 미국인들이 사망한 이후에도 무슬림 및 아랍과 호의적인 관계를 유지하기 위해 애썼다. 예를 들어 조지 W 부시(George W. Bush) 전 미국 대통령이 9.11테러 직후에 워싱턴 DC '이슬람 센터'에서 한 발언을 들어보자.

"(9.11테러라는) 민간인을 상대로 하는 폭력 행위는 이슬람 신앙의 근본적인 교리에 반하는 일입니다. 그리고 이를 이해한다는 것은 우리 미국 시민들에게 매우 중요한 일입니다. 영어 번역이 본래의 아랍어만큼 유려하지는 않겠으나, 여기 쿠란의 구절 하나를 인용합니다. '결국 극도의 악이 악을 저지르는 자들의 말로가 되리라. 그들은 알라의 말씀을 부정하고 조롱하였기 때문이리라.' 테러는 이슬람의 진정한 믿음이 아닙니다. 테러가 이슬람의 전부도 아닙니다. 이슬람은 평화입니다. 테러리스트들은 평화를 대표하지 않습니다. 그들은 악과 전쟁을 대표합니다."[13]

미국의 역대 행정부들은 공개 석상에서 이슬람 테러 행위를 언급할 때마다 '위대한 세계 종교의 하나가 소수의 범죄자에게 납치되었다.'라든가, '이슬람은 평화의 종교'라는 완곡어법들을 동원하였다. 따라서 이슬람 테러리즘은 서구의 식민주의와 미국의 외교 정책 때문이 아님이 분명하다.

1993년 10월 이집트의 '키나'에서 독일 관광객을 수송하던 관광버스를 기관총으로 공격한 테러 사건이 일어났다. 이 사건의 주모자 중의 하나인 '바스타위 압둘 마기드(Bastwi Abdul Maguid)'는 "관광은 비이슬람적이다. 관광객들의 자유분방한 옷차림과 생활 방식은 이슬람의 교리와 윤리를 훼손한다."라고 공격 이유를 밝혔다. 이슬람 테러리즘의 근본 원인은 이슬람 원리주의에 있다는 반증이 아니고 무엇이겠는가.

## 4. 이슬람 원리주의

이제까지 살펴보았듯이 독재, 빈곤, 무지 등 정치·경제·사회적인 환경, 서구의 식민주의, 이스라엘-팔레스타인의 영토 분쟁은 이슬람 테러리즘의 근본 원인이 될 수 없다. 물론 그것들이 이슬람 테러리즘을 자극, 충동, 촉발했음을 부인하지 못할 것이다. 그러나 이슬람 테러리즘에 근본적인 원인을 제공하고, 지속적으로 준동하는 것은 이슬람 원리주의이다. 즉 이슬람 원리주의자들의 목표는 쿠란, 수나, 하디스에 드러난 이슬람법인 샤리아를 근간으로 이슬람 신정 국가를 건설하는 것이다. 이슬람 신정 국가를 건설하는 수단이 지하드이다. 이 지하드가 과격, 급진화된 형태가 바로 이슬람 테러리즘이다. 즉 이슬람이 배태한 이슬람 원리주의란 씨앗이 적절한 정치·경제·사회적인 환경을 만나 발아, 성장하게 되어 결국 이슬람 테러리즘이란 열매를 맺게 된다는 것이다.

## 2장

# 이슬람 원리주의란?

　어느 종교이든지 그 종교 집단을 이끄는 리더 그룹이 있다. 근래 이슬람을 주도하는 세력은 비록 숫자는 적지만 이슬람 원리주의자들이다. 일반적으로 '이슬람 테러리즘'과 '이슬람 원리주의'란 단어가 혼용되고 있으나 엄밀한 의미에서 두 단어는 다른 뜻을 내포하고 있다. 이슬람 테러리즘이란 정치적인 용어로서 이슬람이란 이데올로기 또는 사상으로 어떤 특별한 목적을 위해 테러를 하는 것을 말한다. 반면 이슬람 원리주의란 신학적인 용어로서 '이슬람의 근본으로 돌아가자.'라는 사상과 운동을 말한다.[14] 이 내용을 좀 더 알아보자.

## 1. 이슬람 원리주의란

이슬람은 종교의 기능에 국한되지 않는다. 이슬람은 정치, 사회, 경제, 문화에 강력한 영향력을 행사하며 인간의 구체적인 삶의 양식과 가치관의 토대가 된다. 샘 솔로몬 박사는 "이슬람은 종교가 아니라 사회 종교적 시스템이며 이들의 목적은 한 사회 시스템을 이슬람화하는 데 있다."라고 지적했다.

무슬림은 이슬람의 사도 무함마드가 세운 움마(무슬림 공동체), 그리고 그를 이은 네 명의 정통 칼리프(아부 바크르, 오마르, 오스만, 알리)의 통치 방식을 가장 '이상적인' 정치·사회 체제라고 믿고 있다. 따라서 내부의 분열, 외부의 침략 등으로 무슬림 공동체가 와해하거나 약화할 때마다 비판자들은 그 사회가 무함마드와 네 명의 정통 칼리프에 의해 확립된 이슬람 체제를 따르지 않았기 때문이라고 비판한다. 이들 비판자가 제시해 온 해결책을 한 마디로 '이슬람 원리주의'라고 말할 수 있다.[15]

원래 원리주의(Fundamentalism)란 용어는 20세기 자연 과학의 급속한 발달에 따라 전통적인 기독교 세계관이 붕괴될 때 그에 대한 반동으로 서구에서 나타났다. 1920년대 미국의 복음주의자들 가운데서 일부 보수주의자들은 성경을 문자 그대로 믿고(축자영감설), 세속적인 사회 변화(진화론)에 대항함으로써 기독교 원리주의자란 명칭을 얻게 되었다. 1940년대에 들어서 전통적이고 급진적인 무슬림을 이슬람 원리주의자라고 부르기 시작했다. 따라서 이 용어는 원래 이슬람에 기원을 둔 것이 아니라 서구 기독교에 기원을 둔 것이다.[16]

## 2. 이슬람의 세계관

이슬람의 세계관에 따르면, 세계는 크게 두 부분으로 구분되는데, 첫 부분은 '이슬람의 집(dar al-Islam)'으로 불리며, 둘째 부분은 '전쟁의 집(dar al-Harb)'으로 불린다. '이슬람의 집'은 지리적, 인종적 개념을 초월한 보편적인 성격을 띤 이슬람 공동체를 일컬으며, 이 공동체에 들어오지 못한 다른 사람들은 '전쟁의 집'에 속하게 된다. 따라서 이슬람은 사람을 두 종류-무슬림과 비무슬림으로만 구분하는 이슬람 중심의 극단적인 이분법을 가진다.

이슬람 교리의 핵심 중의 하나는 '이슬람의 집'을 확장하는 것인데, 이집트의 '무슬림 형제단'의 지도자인 사이드 쿠틉(Sayyid Qutb 1906-1966)[17]은 "무슬림이 지구를 점령하여 모든 종교를 이슬람으로 대체하여야 한다."라고 주장한다. 그들은 이 일의 장애물로 여겨지는 유대교, 기독교, 무신론자들을 박멸하려고 한다.[18]

파키스탄 이슬람 원리주의자인 아불 알라 알 마우두디(Abual-Ala al-Mawdudi, 1903-1980)는 다음과 같이 말했다.

> "이슬람은 세계의 다른 종교들과 같은 보통 종교가 아니며, 무슬림 국가들은 다른 보통 국가들과 다르다. 무슬림 국가들은 알라로부터 전 세계를 다스리고 세계 모든 나라 위에 서라는 명령을 받은 특별한 나라들이다."[19]

그는 이슬람 혁명의 목적을 다음과 같이 지적하고 있다.

> "이슬람은 사람이 만든 모든 정부를 파괴하는 혁명적인 신앙이다. 이슬람은 이 나라가 다른 나라보다 더 잘살 수 있도록 노력하지 않는다. 이슬람은 소유물이나 땅을 누가 소유하는지에 대해서도 관심이 없다. 이슬람의 목표는 오로지 전 세계를 지배하여 전 인류를 이슬람의 신앙에 복종시키는 것이다. 이 세상 그 어떤 나라라 할지라도 이러한 목표를 가로막으려고 든다면 이슬람은 그들과 싸워 그들을 파괴할 것이다. 이슬람이 이 목표 즉 세계적인 차원의 혁명을 달성하기 위해서는 동원 가능한 모든 힘과 수단을 이용해야 한다. 이것이 지하드이다........이슬람은 단순히 영적인 종교가 아니다. 이슬람은 삶의 방식이다. 이슬람은 천사 가브리엘을 통해 우리 세계에 드러낸 천국의 체

> 제이다. 무슬림의 의무는 세상의 모든 체제를 파괴하여 이슬람 체제로 전환하는 것이다."[20]

## 3. 지하드

이슬람 원리주의에서 반드시 이해해야 할 사상 중의 하나는 '지하드'이다. 지하드는 전 세계로 이슬람의 통치권과 가치를 전파하기 위하여 불신자들과 투쟁하는 군사 작전을 포함한 일종의 실천 수단이다. 이슬람 예언자 무함마드는 알라의 존재를 부정하는 무신론자와 다신론자가 알라의 실체를 인정할 때까지 싸우는 것을 비롯하여 침략자에 대한 방어, 사회 정의, 퇴폐 추방 및 욕망에 대한 절제까지를 지하드, 즉 성전(聖戰)이라고 하였다.[21] 이런 지하드 사상은 현재 과격 테러 단체의 주요 이념으로 재해석되어, 단순히 외세의 침략을 방어하는 데 그치는 것이 아니라 전 세계에 알라의 통치권을 확립하기 위한 전략 전술로 발전되었다. 양경규는 이슬람 원리주의가 급진화, 폭력화된 결정적인 요인을 다음과 같이 지적했다.

> "하나는, 이슬람 원리주의의 내재적 가치와 속성이 서구 제국주의의 이슬람 문화 파괴와 경제적인 착취에 대항하기 위하여 극

단적인 경향으로 나타났다는 것이다. 또 다른 하나는, 이슬람의 가치를 구현해야 할 정치적 지배 세력이 민주주의를 파괴하고, 독재와 탄압을 저지르며 사회적인 불평등을 심화시킨 것도 중요한 요인이었다는 것이다."[22]

지하드는 시아 무슬림은 물론 수니 무슬림이 알라의 대의를 위해 분투해서 노력해야 하는 것으로서 이슬람 신앙의 여섯 번째 기둥으로 간주하고 있다.[23] 지하드는 이슬람 원리주의자들만이 따르는 특별한 가르침이 아니라 모든 무슬림이 실천해야 할 일반 계시로 인식된다. 쿠란에 나오는 167가지 폭력을 정당화하는 구절들을 그대로 받아들여야 하는 무슬림은 이슬람 원리주의자들만이 아니다. 모든 무슬림이 받아들여야 한다. 따라서 '온건한' 무슬림이란 존재하지 않고, 다만 신앙적으로 '태만한' 무슬림만 존재할 뿐이다. 쿠란에 의하면, 지하드를 거부하면서 무슬림이라고 하는 자들은 이미 신앙을 버린 자들이며 위선자들이니 죽여야 한다고 한다. 이것을 타크피르라고 한다.[24]

이슬람 포교는 한국 사회가 일찍이 경험해 보지 못했던 종교 간의 첨예한 갈등을 유발할 가능성이 있다. 대체적으로 한국 사회에서는 이슬람을 '평화의 종교'로 이해한다. 그러나 그것은 착각이고, 오해이다. 이집트 지하드의 정신적인 지주인 '쉐이크 오마르 압둘 라흐만(Sheikh Omar Abdul Rahman)'은 "이슬람의 젊은이들이여. 후퇴하지 말라. 타협에 굴복하지 말라. 독재자들의 진노와 억압을 두려워하지 말라. 승리를 얻거나 순교를 당할 때까지 이 땅의 구석구석에 알라의 적들을 때려 부숴라. 시온주의자들과 공산주의자들과 식민지배자들의 식탁에서 얻어먹는 원숭이와 돼지 새끼 같은 자들로부터 이 땅을 해방할 때까지…. 이슬람 외에는 길이 없다. 알라 외에는 이길 자가 없다(There is no way but that of Islam no winner but Allah)."라고 선동하였다.[25]

쿠란이 지향하는 정치 체제는 이슬람 신정 체제이다. 이슬람은 태생적으로 정교분리가 아니라 정교일치이다. 이란 이슬람 혁명의 지도자인 아야톨라 루홀라 호메이니(Ayatollah Ruhollah Khomeini)가 보여주듯이 그는 종교인임에도 불구하고 정치 권력을 가졌다. 지하드를 이끄는 사람들은 한 나라가 이슬람을 자신들의 국교(國敎)이며 정부 형태라고 공표할 때야 임무를 완수한 것으로 여긴다. 이 일이 이루어진 나라로는 아프가니스탄(탈레반에 의해), 이란(아야톨라 호메이니의 혁명을 통해), 수단(하산 알 투라비에 의해)이 있다. 이슬람 원리주의자들은 알제리, 이집트, 시리아, 터키, 팔레스타인, 이라크, 레바논, 사우디아라비아, 리비아, 말레이시아 등 '세속적인' 무슬림 국가들을 장악하기 위해 활발히 움직이고 있다. 지하드는 본질적으로 영속적이며, 모든 인류가 이슬람에 복종하며 샤리아의 지배를 받을 때만 비로소 휴지(休止) 상태에 돌입할 수 있다.

이슬람은 이슬람 신정 국가 건설을 위하여 칼을 들고, 지하드를 하라고 요구한다. 칼을 들라는 것은 상대방을 죽임으로써 이슬람 신정 국가를 건설하라는 의미이다. 반면 기독교는 하나님의 나라를 세우기 위하여 '십자가를 지고 예수를 따르라(누가복음 9장 23절).'라고 가르친다. 십자가를 지라는 것은 자기가 죽음으로써 하나님의 나라를 건설하라는 의미이다. '죽임'과 '죽음'의 차이를 보라! 인류의 보편적인 가치인 평화를 생각할 때 알라의 이름으로 자행되는 '죽임의 지하드'를 어떻게 이해하고 받아들여야 할까?

# 3장

# 이슬람 원리주의와 지하드

  우리가 지하드를 좀 더 구체적으로 다루려고 하는 것은 지하드의 이론과 실천이 이슬람 역사와 신학에서 핵심적인 개념이며, 나아가 이슬람 원리주의자들과 테러리스트들의 정치적 이데올로기[26] 및 행위들과도 밀접한 관계가 있다고 확신하기 때문이다.

## 1. 지하드의 정의

  『이슬람 사전』(제1판, 1913)에서 '지하드(聖戰)'를 다음과 같이 설명한다.

> "군사를 동원해 이슬람을 포교하는 것은 일반적으로 모든 무슬

림이 지는 종교적 의무이다. … 쿠란의 메카 수라에서는 공격에 인내하는 고통이 잘 드러나 있다. 당시 무슬림은 인내하는 것 말고는 달리 뾰족한 수가 없었기 때문이다. 그러나 메디나로 이주한 후에는 공격할 힘이 있었다. 따라서 메디나 수라의 분위기는 자못 달라졌다. … 아무튼 이 의무(지하드)는 전 세계가 이슬람의 지배하에 놓일 때까지 계속되는 것이었다. … '피 사빌 알라'(fi sabil Allah-알라의 길) 위에서 목숨을 잃은 무슬림은 샤히드(순교자)이며, 천국에로의 입성과 그곳에서의 특권을 보장받게 된다."[27]

이슬람을 연구하는 현대의 학자들은 '지하드'를 이렇게 설명한다. 몇 가지 예를 들어보자. 마지드 카두리(Majid Khadduri)의 『이슬람 법 안의 전쟁과 평화(War and Peace in the Law of Islam), 1955』에서 설명하는 지하드는 다음과 같다.

"지하드는 설득을 통해, 혹은 검을 통해 실현되는 일종의 프로파간다로 간주해도 좋다. 초기 메카 시대의 계시들을 보면 대체로 설득에 초점이 맞추어져 있는 것을 볼 수 있다. 쿠란 29장 6절에서 이런 사실을 잘 알 수 있다. '신앙을 위해 노력하는 자는 결국 자기 자신을 위해 있는 것이다….'는 구절에서 지하드는 누군가를 개종시키려는 행위가 아닌, 자기 영혼을 구원하려는 행위로 그려지고 있다. 메디나 계시의 몇몇 구절에서는 지하드라는 개념을 전쟁이나 싸움의 동의어로 여기고 있음을 알 수 있다."[28]

"법학자들은 무슬림이 지하드의 의무를 다하는 네 가지 방법을 밝혀냈다. 심장으로, 혀로, 손으로, 또 검으로 행하는 것이 그것들이다. 첫 번째, 심장으로 행하는 방식은 악마와 싸우면서 악마의 유혹에서 벗어나고자 하는 노력을 말한다. 두 번째와 세 번째 방식은 옳은 것을 지지하고, 잘못된 것을 바로잡는 행위로 여겨진다. 네 번째 방식은 정확하게 전쟁을 가리키는 말로, 비신자들이나 신앙의 적들과의 싸움을 가리킨다. 신자들은 전쟁을 수행하는 데 있어서 자신의 '부와 생명'을 희생할 의무를 진다."[29]

또 다른 학자인 무스탄시르 미르(Mustansir Mir)의 『이슬람의 지하드(Jihad in Islam), 1991』에 나타난 '지하드'의 설명을 들어보자.

"'지하드'라는 단어는 본래 '단호한 노력'을 의미하며, 이슬람에서 종교적인 의미로 사용될 때는 일반적인 뜻과 특별한 뜻을 동시에 가진다. 일반적인 의미의 '지하드'는 이슬람이란 종교를 위해 행하는 모든 노력을 말한다. … 지하드는 외부의 적과의 투쟁, 사탄과의 대치, 그리고 자기 내면과의 싸움으로 나눌 수 있다. … 특별한 의미의 '지하드'는 이 세 가지 중 첫 번째 지하드, 외부의 적과의 투쟁만을 말한다. … 이슬람에 있어서 지하드의 목적은 이슬람식 사회 도덕적 질서를 세우는 데 있다. 이 모든 요소 때문에 지하드는 이데올로기 겸 윤리 차원의 개념이 된다."[30]

그리고 토마스 패트릭 휴스(Thomas Patrick Hughes)는 그의 유명한 저서 『이슬람 사전, 1885』에서 지하드를 다음과 같이 정의한다.

"지하드는 쿠란이나 하디스(예언자 무함마드와 그 동료들이 남긴 말 혹은 관행) 등의 종교적인 제도에서 설정한 종교적 의무이며, 특히 이슬람을 발전시키고 악을 몰아내는 것을 목적으로 한다. 무슬림 지도자가 신앙심이 없는 자들의 국가를 정복하는 경우, 원주민들에게는 세 가지 선택지가 주어진다.

① 이슬람 받아들이기- 이 경우 피정복자는 무슬림 국가의 보통 시민이 된다.

② 인두세(지즈야) 내기- 이 경우에는 비록 이슬람을 믿지 않더라도 보호를 받을 수 있으며, 아라비아의 우상 숭배자와는 구별되는 '딤미'(이슬람 국가에서 무슬림이 아닌 국민)가 된다.

③ 검살(劍殺)- 인두세도 내지 않으려는 이들은 칼로 베어 죽인다."[31]

이상에서 살펴본 '지하드'에 대한 정의를 나름대로 다음과 같이 풀어볼 수 있다.

① 지하드는 이슬람 포교의 수단이다.

이슬람을 전파하기 위한 무슬림의 전략을 나타내는 세 가지 상징이 있다. 펜(pen), 저울(scale) 그리고 칼(sword)이다. 이것들은 '지하드(Jihad)'와 관련되어 있다.

첫째, 펜(pen)의 전략. 이는 가장 기본적이면서 상식적인 전파 방법으로 문서나 문헌, 영상이나 자료 등을 통해 이슬람을 알리는 전도 전략이다.[32]

둘째, 저울(scale)의 전략. 이것은 법(law)을 전파의 수단으로 삼는 전략이다. 종교 자유를 허용하는 민주주의 법체계를 가지고 있는 서구 국가에서 법에 호소함으로써 무슬림의 합법적인 권리를 획득해 나가는 방법이다. 예를 들어 우리 사회에서 '종교 편향' 문제를 제기하여 무슬림을 종교적 소수자이며 피해자로 자리매김하면서 실질적인 권리를 획득해 나가는 경우이다.

셋째, 칼(sword)의 전략. 이것은 무력을 통한 이슬람 전파 전략이다. 대개 지하드라 할 때 이것을 말한다. 테러나 분쟁, 그리고 전쟁 등을 통해 이슬람을 전파하는 것으로 빠르고 신속한 효과가 있다. 이상과 같이 이슬람은 그 어떤 종교보다 더 전방위적인 선교 전략을 가지고 움직인다.

② 지하드는 모든 무슬림의 의무이다.

쿠란은 무슬림들이 불신자들에 대하여 싸우는 일에 준비되어 있어야 한다고 말한다.

> "너희들은 그들에 대해 할 수 있는 한의 군세(軍勢)와 말을 준비하여라. 그것으로 알라의 적과 너희들의 적을 위협해주어라…." 쿠란 8:60[33]

> "별로 이렇다 할 지장도 없으면서 집에 남아 있는 자는 같은 신자라 할지라도 자기의 재산과 생명을 버려가면서 알라의 길에서 분전하는 자와는 같을 수 없다. 재산과 생명을 버려가면서 분전하는 자에게 알라께서는 집에 남은 자보다 한층 높은 지위를 부여할 것이다. 물론 어떤 자에 대하여서는 알라께서 최상의 상을 약속하고 계신다. 그러나 집에 남아 있는 자보다도 분전한 자에게 보다 큰 보수를 내려주신다." 쿠란 4:95

지하드에 참여하지 않는 자들을 지옥의 불로 협박한다.

"남은 자들은 알라의 사도의 뜻에 반대하는 잔류(殘留)를 기뻐하여 알라의 길을 위해 생명과 재산을 내던지고 싸우는 것을 싫어했다. 그들은 말했다. '저렇게 더운데 출정하지 마라.' 말하여주라, '지옥의 불이 더 뜨겁다.' 이 정도의 일은, 그들도 알고 있으면 좋겠는데." 쿠란 9:81

물러서는 자들은 알라의 분노를 살 것이라고 말한다.

"한때를 피하여 다음 싸움을 준비한다든가 다른 부대와 합류하기 위해서라면 별문제지만, 그날의 적에게 등을 보이는 그런 자는 반드시 알라의 노여움을 사고, 가는 곳은 지옥불, 무서운 곳이다." 쿠란 8:16

③ 지하드는 천국행을 보장받는다.

무슬림에게 있어서 알라가 원하는 대로 행동하는 것이 왜 그렇게 중요한가? 그것은 바로 이슬람이 행위의 종교이기 때문이다. 천국에 들어갈 자격을 의무 이행을 통하여 얻어야 하기 때문이다. 무슬림은 결코 구원의 확신을 가질 수 없다. 그들은 죽으면 무덤으로 가서 거기서 심판이 있을 부활의 날까지 기다리고 있어야 한다고 믿는다. 심판의 날이 오면 알라는 선행과 악행을 저울질하여 그들의 운명을 결정한다.

> "중량이 무거운 자에게는 즐거운 생활이 있다. 중량의 가벼운 자는 나락을 어미로 삼는다. 그것이 무엇인가를 누가 너에게 알려주느냐? 그것은 초열(焦熱)의 불인 것이다." 쿠란 101:6-11

천국에 들어가는 것을 보장받으려면 딱 한 가지 방법밖에 없다. 이것은 지하드 전사들에게 있어서 강력한 행동의 동기가 되는데, 오직 '지하드' 중에 죽는 것이다. 만약 지하드를 수행하다가 죽으면 무덤으로 들어가 심판을 기다릴 필요 없이 곧바로 천국으로 갈 수 있다.

무슬림들이 알라를 위해 싸우면 알라는 그들에게 보상한다.

> "때문에 현세를 버리고 대신 후세를 바라보고자 마음속으로 작정한 자들은 알라의 길을 위해 싸워야 한다. 알라의 길을 위해서 싸우는 자는 누구든지 전사하건 또는 개선하건 알라로부터 큰 상을 받게 될 것이다." 쿠란 4:74

지하드를 수행하는 자들에 대해 쿠란은 이렇게 약속하고 있다.

> "알라께서 그들을 위해 아래에 냇물이 흐르고 거기에 영원히 머무를 낙원을 만드시었다. 이것이 큰 상이다." 쿠란 9:89

지하드 중에 죽은 자들에게는 일반적인 경우와는 다른 장례 절차를 갖게 된다. 보통 사람들이 죽었을 때는 시신을 씻긴 후에 모스크에 가는 것처럼 좋은 옷을 입혀 장례한다. 그러나 지하드 중에 죽었을 때는 시신을 씻거나 좋은 옷을 입히지 않고 그대로 관에 들어가게 된다. 그 이유는 몸에 묻은 피가 알라 앞에서 증거가 된다고 믿기 때문이다.

## 2. 지하드의 방법

지하드는 다음과 같은 3단계를 걸쳐 진행된다.

① 약한 단계

이 시기는 비(非)이슬람 사회에 사는 소수의 무슬림에게 적용된다. 이때는 지하드를 위한 적절한 시기가 아니다. 이때 무슬림은 그 나라의 법에 복종하고 다만 무슬림 숫자를 늘리기 위해 노력할 뿐이다. 무슬림은 이 단계에서 무함마드가 메카에서 말한 말씀에 따른다.

"종교에 강요는 금물이다. 벌써 옳은 길은 잘못과 구별된다. 사신(邪神)을 버리고 알라를 믿는 자는 결코 절단될 수 없는 견고

한 손잡이를 잡은 것과 같은 것. 알라께서는 모든 것을 들으시고 또 아신다." 쿠란 2:256

② 준비 단계

이 단계는 무슬림이 어느 정도 영향력 있는 소수일 때를 가리킨다. 그들은 앞으로 적과 직접적으로 대면해야 하므로 가능한 한 모든 영역에서 준비해야 한다. 그 준비란 재정적, 육체적, 군사적, 심리적 그리고 그 외의 다양한 영역을 포함한다.

"너희들은 그들에 대해 할 수 있는 한의 군세(軍勢)와 말을 준비하여라. 그것으로 알라의 적과 너희들의 적을 위협해 주어라. 그리고 그 외에도 너희들이 알지 못하는 것이 많이 있다. 알라께서만 그들을 전부 알고 계신다. 너희들이 알라를 위해 쓰는 것은 어떤 것이든 반드시 충분하게 돌려주신다. 결코 부당하게 처리하시지는 않으신다." 쿠란 8:60

③ 지하드 단계

이 단계는 무슬림이 힘과 영향력, 권력을 갖추고 있는 때를 가리킨다. 이 단계에서 적극적으로 적과 싸우고, 비(非)무슬림 국가의 체제를 뒤집어엎고, 이슬람 지배 체제 구축을 위하여 활동하는 것은 무슬림의 의무가 된다.

이 단계는 쿠란 9장 5절, 즉 무함마드가 받은 지하드에 대한 최종 계시를 기초로 하고 있다.

> "그런데 신성월 지났으면, 다신교도를 발견하는 즉시 죽여라. 잡아라. 억류하라. 모든 길에 복병을 두고 기다려라. 그러나 만일 그들이 회개하여 예배를 지키고 희사를 한다면 방면해 주라. 알라께서는 관용하시고 자비로우신 분이시다." 쿠란 9:5

이슬람이 한 사회에 진출할 때 단계별 전략을 구사한다는 보고가 있다. 그 사회의 무슬림 구성 비율에 따라 접근하는 전략이 다르다는 뜻이다.[34]

## 3. 쿠란에서의 지하드

이슬람 경전인 쿠란에서는 지하드를 무엇이라고 설명하는가? 예언자 무함마드가 메카에서 메디나로 이주한 때는 이슬람 역사에 있어서 본질이 결정되는 중요한 순간이었다. 이슬람의 예언자가 가졌던 사고방식의 모든 것이 바뀌었다. 특히 그의 주변에 있는 믿지 않는 자들에 대한 태도가 현저하게 달라졌다.

무함마드는 메카에서 한 번도 지하드를 언급한 적이 없었다.

그에게는 군사력이 없었고, 그의 활동은 아직은 작고 미약했다. 하지만 메디나에서 군사력을 확보한 후 쿠란의 주된 논제는 지하드와 적과의 싸움이었다. 계시들은 점점 더 무슬림이 싸우도록 부추겼다.

예언자 무함마드의 메카와 메디나에서의 삶을 단순하게 비교해 보자.

> 메카: 그는 설교를 통해 이슬람에 참여하라고 사람들을 초청했다.
> 메디나: 그는 칼을 들고 사람들을 개종하라고 요구했다.
> 메카: 그는 수도사처럼 행동하며 기도, 금식, 예배의 삶을 살았다.
> 메디나: 그는 군 사령관처럼 행동하며 개인적으로 27번의 공격을 지휘했다.
> 메카: 그는 메카에서 지낸 12년 동안 카디자(Khadija) 한 사람만 아내로 맞이했다.
> 메디나: 그는 10년 동안 12명의 여인과 더 결혼했다.
> 메카: 그는 우상 숭배에 반대하여 싸웠다.
> 메디나: 그는 성경의 백성들(유대인들과 기독교인들)과 반대하여 싸웠다.

결국 예언자 무함마드가 메카에서 메디나로 옮겨가면서 이슬람은 정치적인 운동으로 바뀌게 되었다. 오마르 파루크(Omar Farouk) 박사는 그의 저서인 『아랍인과 이슬람(The Arabs and Islam)』에서 이렇게 썼다.

> "예언자 무함마드가 메카에서 메디나로의 이주한 것은 이슬람 역사에서 매우 중요하다. 이는 이슬람의 본질에 대변혁을 일으켰다. 이슬람은 종교적이고 영적인 계시에서 정치적 의제로 변한 것이다."[35]

우리는 이런 변화를 쿠란에서도 살펴볼 수 있다.

### 1) 메카에서의 타 종교에 대한 관용의 시기

> "종교에 강요는 금물이다. 벌써 옳은 길은 잘못과 구별된다. 사신을 버리고 알라를 믿는 자는 결코 절단될 수 없는 견고한 손잡이를 잡은 것과 같은 것. 알라께서 모든 것을 들으시고 또 아신다." 쿠란 2:256

이 구절의 요지는 이렇다. 누구에게든 종교를 강요해서는 안 된다는 것이다. 이슬람을 '평화의 종교'라고 주장하는 사람들은 이 구절을 인용한다. 하지만 이 계시는 무함마드가 받은 계시

중 초기 계시에 해당한다는 점을 간과해서는 안 된다.

### 2) 메디나에서의 타 종교에 대한 공격적인 시기

메디나에 처음 도착했을 때 예언자 무함마드는 말로 사람들을 설득하려 했다. 이 전략은 1년 동안 지속되었는데, 그동안 예언자 무함마드는 수많은 우상 숭배자를 무슬림으로 개종시켰지만, 유대인은 거의 개종시킬 수 없었다. 마침내 예언자 무함마드는 이슬람을 받아들이지 않는 자들(특히 유대인과 기독교도)에 대한 새로운 계시를 받았다. 이것이 바로 '칼의 구절(the verse of the sword)'이라고 불리는 계시이다.

> "그런데 신성월 지났으면, 다신교도를 발견하는 즉시 죽여라. 잡아라. 억류하라. 모든 길에 복병을 두고 기다려라. 그러나 만일 그들이 회개하여 예배를 지키고 희사(喜捨)를 한다면 방면해 주라. 알라께서는 관용하시고 자비로우신 분이시다." 쿠란 9:5

쿠란은 정복할 때까지 이교도와 싸울 것을 명령한다.

> "그와 같은 자들은 자기들이 믿지 않는 것같이 너희들도 믿지 않을 것을 바라고 있다. 그렇게 되면 너희들도 동등한 것이 되기 때문이다. 그러면 그러한 자들이 알라의 길 쪽으로 옮겨올

때까지는 그들을 친구로 삼아서는 안 된다. 만일 그들이 배반하면 너희들이 그들을 발견하는 대로 그 장소에서 잡아 죽여라. 그들을 친구로 하든가 조력자로 해서는 안 된다." 쿠란 4:89

"믿지 않는 자들과 서로 접전할 때, 그들의 목을 쳐라. 너희들이 많은 사람을 살해해 버렸으면 다음에는 묶어라…." 쿠란 47:4

"믿는 사람들아. 너희들 가까이에 있는 배신자와 싸워라. 그들에게 너희들의 완강함을 알려주어라. 알라께서는 늘 두려워하고 공경하는 사람들과 함께 계신다는 것을 알라." 쿠란 9:123

알라는 예언자 무함마드에게 포로를 잡는 것보다 살인을 시행하라고 명령한 구절도 있다.

"예언자가 될 만한 자는 지상에서 마음껏 승리한 후가 아니면 (땅에서 대학살을 해낼 때까지) 포로로 하지 않는다. (전쟁 포로를 잡는 것은 합당치 않다)…." 코란 8:67

"소동이 없어질 때까지 그리고 종교가 모두 알라께로 귀일할 때까지 그들과 싸움을 계속하라…." 쿠란 8:39

이 구절들은 무슬림에게 명령한다. '지구상의 온갖 이교도는 물론 모든 유대인에게 나아가 그들을 복종시키라.' 여기서 '복종'이 의미하는 것은, 위에서 살펴본 대로 ① 이슬람교로 개종하고 무함마드를 알라의 예언자로 받아들이거나, ② 자신의 신앙을 유지하는 데 대한 세금을 내든가, ③ 만약 이를 거부한다면 칼을 받는 것을 말한다. 그리하여 유대인과 기독교도를 비롯한 여타 비무슬림을 죽이는 것은 무슬림의 의무가 되었다.

## 4. 순교

지하드와 관련하여 '순교'라는 주제를 살펴보자. 지하드에 참여하다가 목숨을 잃는 것을 '순교'라고 한다. 『아랍어-영어 어휘사전(Arabic-English Lexicon), 1872』에 따르면 '순교'를 이렇게 정의한다.

> "순교자는 알라의 종교를 이유로 살해된 이다. (예를 들어) 전장에서 알라의 종교를 위해 싸우다가 비신자의 손에 살해당한 자, 이들은 그의 시신을 씻길 때에 천사들이 함께할 것이며, 천사들은 그의 영혼을 거두어 천국으로 인도할 것이다."[36]

순교에 대한 무슬림의 개념은 기독교인이 갖는 것과는 약간의 차이가 있다. 기독교와 유대교의 순교자들은 자신의 신앙을 지키고자 고문을 견디며 심지어 죽음도 불사한다. 그렇지만 그 성격은 피동적이다. 그러나 이슬람의 순교는 훨씬 더 능동적이다. 순교를 결심한 이들은 순교할 수 있을 만한 상황을 찾아다닌다. 예를 들어 압드 알라 알 무바라크(Abd-Allah al Mubarak)의 『키탑 알 지하드』에 나타난 나우프 알 비칼리의 기도를 들어보자.[37]

> "알라이시여, 나의 아내를 미망인으로, 나의 아이를 고아로 만들어주시고, 나우프에게 순교자의 작위를 내려주소서!"

다음은 순교가 무슬림들에게 어떻게 인식되는지 잘 알려주는 이야기이다.[38]

> "1985년 4월 9일 '산아흐 무헤이드리'는 그녀의 노란색 메르세데스 벤츠에 폭약을 싣고 남부 레바논의 이스라엘 육군 호위대로 돌진하여 2명의 군인과 자폭했다. 테이프에서 산아흐는 그녀의 어머니에게 자신의 죽음을 놓고 슬퍼하지 말도록 부탁하며 오히려 '행복하고, 마치 결혼식 마냥 기뻐하세요.'라고 말했다. 자살 폭탄 테러로 인한 죽음은 무슬림 호전주의자들에게 기

쁨과 축하에 해당하는 '순교자의 결혼식'으로 묘사되고 있다."

쿠란에는 순교자에 대한 보상을 약속했다는 구절이 나온다.

"진실로 알라께서는 낙원과 바꾼 신자들의 생명과 재산을 사시었다. 그들은 알라의 길을 위해 싸우고 죽이고 살해되고 있다. 이것은 율법, 복음서, 그리고 코란에 명시된 알라께서의 분명한 약속이시다. 누가 알라보다 충실하게 계약을 이행할 것인가? 그러므로 너희들이 알라와 계약한 거래를 기뻐하라. 이것이야 말로 큰 이득이다." 쿠란 9:111

"알라의 길을 위해 이주하고, 후에 살해되고, 또는 죽은 사람들에게는 알라께서 좋은 선물을 주신다. 알라께선 가장 훌륭한 수여자이시다." 쿠란 22:58

하디스(예언자 무함마드와 그 동료들이 남긴 말 혹은 관행)에도 순교자에 대한 보상이 나온다. 순교에 대한 보상으로 천국의 관능적인 측면이 자주 거론되기도 하지만[39] 더 큰 명예를 보장한다. 부카리 하디스 2817을 예로 들어보자.[40]

"예언자가 가로되 천국에 입성한 자라면 이 땅 위의 모든 것을 다 준다고 해도 지상 세계로 돌아오고 싶어 하지 않는다. 그러나 예외적으로 순교자들은 (알라로부터) 받을 명예와 긍지 때문에 이 세계로 돌아와 열 번이고 다시 순교 당하기를 원한다."

알 티르미디 또한 순교자들이 누리는 특권을 역설했다.

"알라의 전령(그에게 평화 있으리)이 가로되 알라는 순교자에게 여섯 가지를 주시노라. 그는 (그가 흘리는) 첫 번째 핏방울로 용서받으며, 천국에서의 자리를 약속받고, 지하의 형벌로부터 보호받으며, 거대한 공포로부터 안전할 수 있으며, 그의 머리에는 존엄의 왕관이 씌워질 것이매 그 보석은 지상 세계와 그 안의 모든 것들보다 더 좋으리라. 그는 72명의 천녀(후리)를 아내 삼을 것이며, 가까운 친척 70명을 위해 탄원할 수 있다."[41]

이슬람 원리주의자들은 지하드 개념에 대한 견해 차이가 있음에도 불구하고 모두가 지하드를 통해서만이 이슬람의 이데올로기를 실현하고, 이슬람의 부흥이라는 대명제를 구체화할 수 있다고 본다. 따라서 이슬람 원리주의자들은 누구나 할 것 없이 강력한 지하드 주창자들인 셈이다.

결국 지하드는 예언자 무함마드 시대로부터 현대의 이슬람 원리주의자들에게 이르기까지 이슬람과 이슬람 공동체가 위기에 처했을 때 그 위기를 타개하기 위하여 테러 행위도 불사한다는 급진주의적인 이슬람 사상으로 확대 재생산되었다고 볼 수 있다.[42] 과격 이슬람 원리주의자들뿐만 아니라 20세기에 들어와서 중동의 정치 지도자들조차도 지하드를 자신들의 입장을 합리화하기 위하여 다양하게 해석했음을 부인하기 어렵다.

## 4장

# 이슬람 원리주의 부활의 역사적인 배경

20세기에 이슬람 원리주의가 부활하게 된 계기는 무엇인가? 이슬람 역사에서 예언자 무함마드와 초기 칼리프 시대로 돌아가자는 이슬람 원리주의 운동은 간헐적으로 일어났다. 그러나 20세기에 이르러 이슬람 원리주의가 획기적으로 부활하게 되었는데 그 구체적이고 직접적인 이유가 무엇인지를 알아보는 것이 이 글의 목적이다. 우선 그 배경으로 제 1차 세계 대전 후 이슬람권에 불어닥친 민족주의 열풍을 살펴본 후 이슬람 원리주의가 부활하게 된 계기를 알아보고자 한다.

## 1. 오스만 및 페르시아 제국의 점진적 쇠퇴와 민족주의 발흥

오스만 및 페르시아 이슬람 제국의 점진적인 쇠퇴는 이슬람권에 인종-언어적 정체성에 기초한 민족주의 이데올로기를 출현시켰다. 그 결과 중동의 토착적인 3개 민족주의가 등장하게 되었는데, 튀르키예에서 등장한 무스타파 케말(Mustafa Kemal, 1881-1938)의 세속화된 튀르키예 민족주의, 이란에서 주창된 이슬람 이전 아리안족에 기초한 범이란 민족주의 그리고 이집트에서 나세르(Gamal Abdel Nasser, 1918-1970) 대통령 지도하에 발전한 범아랍 민족주의이다. 그 내용을 살펴보자.

### 1) 무스타파 케말(Mustafa Kemal, 1881-1938)의 세속화된 튀르키예 민족주의

이슬람권에서 실질적으로 국가 차원의 개혁 작업이 성공한 사례는 튀르키예의 무스타파 케말 아타 튀르크(케말 파샤)가 이끈 세속화된 민족주의 운동이었다. 몰락하던 오스만 제국을 부흥시키기 위해 19세기에 진행된 탄지마트(Tanzimat, 1839-1876) 개혁[43] 운동이 실패하면서, 케말 파샤는 이슬람 제국을 포기하고 튀르키예 민족 국가 형성을 위한 세속적 개혁을 단행했다. 그는 재임 기간 내내 개혁과 개방에 몰두했다. 서구의 문물을 받아들이고, 이슬람의 영향력을 축소하려고 했다. 1921년 채택된 헌법은 이미 "주권은 무조건적으로 국민에게 속한다. 정부는 그들 자신의 운명에 대한 국민의 직접 지배라는 원칙에 기초한다."라고 명시하였다. 1923년 10월에 통과된 수정 조항은 다음과 같이 명시함으로써 그 모호성을 제거했다. "튀르키예 국가의 정부 형태는 공화국이다. 튀르키예 대통령은 대국민회의 본회의에서 의원들에 의해서 선출된다." 사실 신권(神權)이 아니라 국민의 주권에 기초한 공화국의 개념은 이슬람과 배치되는 것이었다. 1925년에는 이슬람 전통 복장을 폐지했고, 남녀의 합동 교육을 시행했다. 1926년에는 새로운 민법을 제정해 일부다처제를 폐지했다. 1928년에 아랍 문자의 사용을 폐지하고 로마자로 튀르키예어를 표기하는 방식을 도입했으며, 1930년엔 여성에게도 선거권을 부여했다. 서구식 법치와 민주적 정치 제도에 기반을 둔 튀르키예의 정체를 확립한 것이다. 그의 노력을 기리기 위해 튀르키예 국회는 1934년, '조국의 아버지'라는 뜻을 지닌 '아타튀르크'라는 경칭을 수여했다. 새로운 현대 튀르키예 민족 국가 건설을 위하여 이슬람의 가치를 희생시키며 과거 이슬람 오스만 제국으로부터 단절이라는 케말 파샤의 혁명적인 조치에 튀르키예 민족은 거의 저항 없이 따랐다.

케말의 개혁과 세속 국가 건설은 이슬람권에 큰 충격을 주었다. 제국의 주인이 이슬람 정치 체제를 포기하고 세속적 민족주의로 전환하면서, 일부 무슬림 신학자들은 튀르키예를 '배신자'

라고까지 묘사했다. 튀르키예의 개혁과 변신은 분명히 이슬람의 틀에 기초한 것이 아니었다.

### 2) 아리안 족에 기초한 범이란 민족주의

오스만 제국의 지배하에서 사파비 부족이 이란 지역 전체를 통일하여 1501년에 사파비 왕조를 세웠다. 이 부족은 시아파 이슬람을 믿는 부족이었고, 이후 이 왕조는 시아파 이슬람을 국교로 하고, 영토 내의 모든 수니파 무슬림을 폭력적으로 시아파로 개종시켰다. 그 결과 이란 전역은 시아파 이슬람 지역으로 바뀌었고, 오늘의 이란이 시아파 맹주가 된 것이다. 이후 카자르 왕조를 거쳐, 1925년에 팔레비 왕조가 세워졌다. 팔레비 왕조에서 근대화 개혁이 본격적으로 추진되었다. 1935년에 국호를 '이란 제국'으로 공식화하고, 서구화를 모델로 한 근대화를 추진했다. 그러나 이란의 근대화는 지지부진했다. 그 이유는 영국의 경제 지배, 특히 석유 지배가 컸는데, 이에 따라 이란인들은 외세에 대해 적대적인 감정을 갖게 되었다. 이런 분위기를 등에 업고 1951년에 취임한 모하마드 모사데크(Mohammad Mossadegh, 1882-1967) 총리는 팔레비 2세(Mohammad Reza Pahlavi, 1919-1980) 국왕과 각을 세우면서 석유 국유화법을 비롯한 일련의 개혁 정책과 세속주의적 현대화 계획을 밀어붙였다. 이슬람 성직자들은 매우 비판적이었지만 국민의 지지를 받았던 개혁이었다. 팔레비 2세는 모사데크를 해임하고 1962년에 백색 혁명을 주창하고 나섰다. 대외적으로는 친미와 친 서방의 외교 정책을, 대내적으로는 토지 개혁, 여성 참정권 허용, 문맹 퇴치, 이슬람의 토지몰수와 농민 분배 등의 정책을 밀고 갔다. 이슬람 성직자들은 종교적인 색채를 완전히 제거하며 진행하는 개혁에 강력하게 반발했다. 그러나 팔레비 2세는 사바크(savak)라는 비밀경찰을 창설하여 반발을 억누르며 독재 정치 공포 정치를 펼쳐갔다.[44] 1970년대부터 시작되었지만, 강한 탄압 때문에 그 세력이 미미할 수밖에 없었던 반정부 투쟁이 점차 확대되기 시작하였다. 이때 나타난 사람이 바로 아야톨라 루홀라 호메이니(Ayatollah Ruhollah Khomeini)였다.[45]

### 3) 나세르 대통령 지도하에 발전한 이집트의 범아랍 민족주의

이집트의 나세르(Gamal Abdel Nasser, 1918-1970)는 집권과 함께 아랍인의 단결과 제국주의에 대한 전면적인 투쟁을 선언하면서 전 아랍 세계의 지도자로 등장했다. 그는 아랍인들은 하나가 되어야 하고, 힘을 합쳐 서구 제국주의에 맞서 아랍인들의 권리를 찾아야 한다고 주장하며 범아랍주의를 표방했다. 이 운동은 전 아랍의 민중들을 흥분시켰다. 나세르는 일거에 아랍 세계의 영웅이 되었고, 내친김에 아랍 국가들을 하나로 묶는 '아랍연방공화국'을 제창했다. 불과 3년 후 원상태로 돌아가긴 했지만, 실제로 1958년 2월 22일에 시리아와 통합하여 통일 아랍공화국을 건설하기도 했다.

이스라엘과 서방 국가들에 맞선 아랍 민족주의는 이슬람 원리주의의 흐름을 차단하며 아랍 세계를 지배하는 이념이 되었다. 양경규는 아랍 민족주의와 이슬람 원리주의의 관계에 대하여 이런 가정을 했다.

> "만약 서방 제국주의의 지속적인 공세가 없었다면, 또 경제적인 수탈이 중단되고 아랍 민족의 자주적인 성장이 이루어졌다면, 이스라엘의 폭력이 중단되고 팔레스타인 국가를 인정했다면, 이슬람 원리주의의 급진화와 확산은 어려웠을 것이다."[46]

아랍 민족주의는 1967년에 일어난 3차 중동 전쟁[47]으로 직격탄을 맞고 기울어지게 되었다. 6일 만에 아랍연합군이 대패한 전쟁, 그래서 요르단강 서안, 가자 지구, 시나이반도, 골란고원을 이스라엘에게 빼앗긴 전쟁, 참으로 아랍인들에게 수치를 안긴 이 전쟁은 아랍 민족주의 열풍에 찬물을 끼얹은 사건이 되었다. 아랍의 무슬림은 절망과 분노로 들끓기 시작했다. 이때 이슬람 원리주의의 메시지가 다시 무슬림의 귀에 들리기 시작했다.

## 2. 이집트와 사우디아라비아에서의 이슬람 원리주의의 흐름

　심장마비로 사망한 나세르 이후 집권한 이집트의 사다트(Anwar Sadat, 1918-1981)는 무슬림 형제단과의 화해를 통해 정권의 정통성을 확보하려고 했다. 무슬림 형제단이 사다트 정부와 협력 관계로 돌아섰지만, 학생들은 무슬림 형제단의 타협에 비판적이었다. 그들은 사이드 쿠틉(Sayyid Qutb 1906-1966)의 이론을 기반으로 지하드를 통한 이슬람 신정 국가 건설을 목표로 했고, 이 목표 아래 이슬람 원리주의 조직들을 만들어 갔다. 그리고 이 조직들은 합쳐져서 '알 지하드'라는 이름의 단체로 탄생하였다. 이 단체의 중심인물 중의 하나가 알 카에다의 2대 지도자가 된 아이만 알 자와히리(Ayman al-Zawahiri, 1951-)였다.

　또 하나의 흐름은 사우디아라비아에서 만들어졌다. 2차 대전 이후 줄곧 사우디는 친미, 친서방이라는 기조를 갖고 있었다. 그러나 사우디의 정치 이념으로 삼고 있는 와하비즘은 서방 문물의 수용이 이슬람의 문화를 파괴하고 이슬람을 타락시키기 때문에 이를 멀리해야 한다는 것이다. 심지어 서구의 과학 기술을 사용하는 것 자체를 교리에 저촉되는 것으로 보기 때문에 친서방, 친미를 절대 받아들일 수 없었다. 따라서 사우디의 국가 정체성은 모순적일 수밖에 없었다. 사우디는 이런 모순을 극복하기 위하여 정치는 사우디 왕가가 담당하고, 종교는 울라마 즉 이슬람 성직자들이 담당하여 사회를 통제한다. 세속 권력과 종교 권력의 협력과 긴장, 이것이 바로 사우디아라비아 왕국의 특징이다.

이슬람 종주국의 지위를 확보하려는 사우디는 최대 산유국의 부를 이용하여 이슬람 세계에 와하비즘을 확산하려고 하였다. 따라서 사우디는 이슬람 원리주의의 온상이 되어갔다. 사우디로 망명을 택한 이슬람 원리주의 학자들, 지식인들은 그곳에서 이슬람 원리주의와 지하드 이론을 자연스럽게 확산시켰다. 특히 킹 압둘 아지즈 대학은 바로 이들의 주요 무대가 되었다. 사이드 쿠틉의 동생이었던 모하마드 쿠틉, 알 지하드를 만든 의사 출신 아이만 알 자와히리, 오사마 빈 라덴도 이들을 따르는 수많은 청년 중의 하나였다.

### 3. 이슬람 원리주의가 부활한 구체적이고 직접적인 계기

점차 아랍 민족주의가 숨을 다해 가고, 이슬람 원리주의가 아랍 세계의 새로운 흐름으로 자리매김하고 있던 1970년대에 세 개의 역사적인 사건이 일어났다. 이 사건들은 이슬람 세계에 이슬람 원리주의를 뿌리내리는 결정적인 사건들이 되었다. 이 사건들을 살펴보자.

첫째는 이집트-이스라엘 평화 협정이었다. 사다트는 이집트의 불안정한 정치 상황에서 일대 승부수를 던졌다. 바로 1967년 6일 전쟁의 패배로 상실한 시나이반도를 이스라엘로부터 반환받고, 그 대가로 이스라엘과 평화 조약을 체결하는 것이었다. 무슬림 형제단을 비롯한 알 지하드 같은 이슬람 원리주의 단체들은 이에 대해 강력한 반정부 시위로 맞섰다. 그들의 입장으로는 아랍 민족의 주적이자 팔레스타인 무슬림을 학살한 이스라엘과의 평화는 있을 수 없는 일이었다. 물러설 곳이 없었던 사다트는 결국 1년 6개월의 협상 후 1979년 3월, 카터 대통령과 함께 메나헴 베긴 이스라엘 총리와 평화 조약을 체결했다. 그러나 이 일로 사다트는 1981년 군사 퍼레이드 사열을 받던 중에 이슬람 원리주의자들에 의해 암살당하게 되었다. 이집트-이스라엘 평화 조약은 아랍 민족주의의 종언을 고하는 동시에, 이슬람 원리주의를 확산하는 결정적인 사건이 되었다.

둘째는 이란의 이슬람 혁명이었다. 이란에서 최초의 이슬람 원리주의에 입각한 혁명이 일어났고, 신정 국가가 들어섰으니, 이것이 바로 아야톨라 루홀라 호메이니(Ayatollah Ruhollah Khomeini)의 1979년 이슬람 혁명이었다. 호메이니가 생각하는 반정부 투쟁의 핵심은 민주 대 반민주가 아닌 세속 왕정 대 이슬람 신정 국가였다. 이란의 이슬람 신정 국가 수립은 아랍권 전체에 큰 충격을 주었다. 이란 혁명은 아랍권의 이슬람 원리주의 단체들에 자극과 영감이 되었다. 반면 왕정 국가나 세속주의 국가들은 긴장하며 이란의 혁명이 자국에 파급되지 않을까 전전긍긍하게 되었다. 이슬람 원리주의 운동은 이란의 혁명으로 날개를 달게 되었다.

셋째는 소련의 아프가니스탄의 침공이었다. 아프가니스탄의 두라니 왕조는 다우드 칸의 1973년 군사 쿠데타로 무너졌다. 그 후 여러 세력이 권력 투쟁을 벌이다가 인민민주당의 소비에트 사회주의 정권이 들어서게 되었다. 누르 모하마드 타라키 정부는 소련의 지도를 받으며 여성의 문맹 타파와 학교 교육, 현대식 징병제, 부족 원로와 이슬람 성직자들의 토지 몰수, 이슬람식 교리에 유래하는 신부지참금과 강제 혼인제 폐지, 대학에서의 마르크스주의 의무 교육 등 근대적이고, 사회주의적인 개혁을 시행했다. 이런 근대적인 개혁에 여러 부족과 무슬림 세력이 강하게 반발했다. 그러자 타라키 정부는 반대 세력을 투옥하거나 처형하는 공포 정치로 대응했다. 이에 본격적으로 반군이 형성되었고, 무슬림은 정부의 이슬람 탄압에 저항하여 정부군에서 조직적으로 탈영하였다. 결국 소련은 계속되는 종족들의 반란과 이슬람 원리주의로 무장한 반군의 형성을 두고만 볼 수 없었다. 이런 상황에서 소련은 안정적인 친소 정부 구성과 중동 및 아시아에 대한 교두보를 잃지 않겠다는 목적으로 1979년 12월 25일에 아프가니스탄을 침공했다. 소련의 아프가니스탄 침공은 이슬람 원리주의가 이슬람권으로부터 세계를 향해 눈을 뜨게 하는 중대한 사건이었다.

### 4. 현대 이슬람 원리주의 운동의 특징

장병옥은 현대 이슬람 원리주의는 3가지 일반적인 특징을 가지고 있다고 했다.[48] 첫째는 침투성(pervasiveness)이다. 이 말은 이슬람 원리주의에 대한 지지는 대다수가 하류층과 중산층이었으나 점차 상류층으로 침투하고 있다는 것이다. 그 반대일 경우도 있다. 예를 들어 2001년 9월 11일 테러를 배후 조종한 사람은 다름 아닌 사우디아라비아의 상류층 출신인 오사마 빈 라덴이다. 이슬람 원리주의 운동이 상류층으로부터 중 하류층으로 침투해 간 일례이다.

둘째는 다중심성(polycentrism)이다. 현대 이슬람 원리주의 운동은 과거와는 다르게 조직적인 구심점이 없는 다중심적인 성격을 띠고 있다. 즉 피라미드 형식이 아닌 점조직 형식이다. 이슬람 원리주의 운동은 다양한 위기 상황에 대한 반응으로서 민족적, 정치적, 사회적인 다중심적인 특성을 갖게 되었다.

셋째는 영속성(persistence)이다. 이슬람 원리주의는 사회, 정치적인 과정에서 발생한 문제를 해결하고 소멸하는 것이 아니라 또 다른 시대의 다른 문제에 맞서는 영속성을 가진다.

우리는 이런 이슬람 원리주의의 특징을 1980년대 이후의 이슬람 원리주의 운동에서 확인하게 될 것이다.

# 2부

---

근대
이슬람
원리주의
활동들

5장

# 와하비즘(Wahabism)과 사우디아라비아

근대 이슬람 원리주의를 말할 때 처음으로 떠올리는 이름이 '와하비즘(Wahabism)'이다. 그 이유는 와하비즘이 이슬람권에 미친 영향력이 그만큼 컸기 때문일 것이다. 이렇게 된 데에는 이슬람 원리주의로서 와하비즘의 탁월성도 있겠지만 수니 이슬람의 맹주로서 지위를 누리려는 사우디아라비아의 뒷심도 작용했다고 본다. 사우디아라비아는 산유국의 오일 머니를 통해 이슬람권에 와하비즘을 전파하는 데 적극적이었다. 필자는 본 고에서 와하비즘 출현의 동기가 무엇인지, 와하비즘은 무엇인지, 와하비즘과 사우디아라비아의 관계는 무엇인지에 집중하여 서술하려고 한다.

## 1. 와하비즘이 출현하게 된 배경

와하브파의 창립자인 무함마드 이븐 압둘 와하브((Muhammad ibn Abdul Wahab 1703-1791)에 대한 이야기를 시작하기에 전에 와하비즘이 출현하게 된 배경을 알아보자. 사우디아라비아의 중부에 위치한 나즈드 지역은 리야드 시, 카심 주, 하일 주 등을 포함하고 있으며 오랫동안 종교적으로 문화적으로 변두리 취급을 받았던 곳이다. 이러한 지역을 배경으로 발생한 와하비즘은 결코 반식민주의라는 의도를 가진 운동이 아니었다. 사실 최초의 와하브파 교인들은 당시 영국이나 프랑스가 무슬림 영토를 얼마나 침략하고 있었는지조차 알지 못했다. 마이클 크로우포드(Michael Crawford)는 "와하비즘은 지중해 및 인도 내 이슬람 영토들에 대한 서구의 위협이 구체화되기 이전에 발생한 전근대적 운동이었다."[49]고 밝힌다. 와하브파는 본래 그들이 살던 세계의 변두리에서 무슬림들이 어떻게 하면 도덕적으로, 또 종교적으로 더 온전해질 수 있을까에 관심이 있었다. 궁극적으로 그들은 쿠란과 예언자 무함마드의 삶에서 구체화한 이슬람의 '근본'으로 돌아갈 것을 장려했다. 따라서 와하비즘은 이슬람 원리주의의 부활을 보여주는 고전적인 예시일 뿐 반식민주의와는 아무런 관계가 없다. 와하브의 관심은 무엇보다도 내부의 적들과 다른 배경을 가진 무슬림이었다.

와하브파 이전의 무슬림의 관행과 풍습을 보면, 그들은 '세상을 떠난 성인은 살아있는 자들을 위해 알라께 탄원해 줄 수 있다는 믿음'을 가졌다. 이 때문에 수많은 무슬림들은 성인들의 묘지를 조성하고, 무덤 위에 아치 지붕을 세웠으며, 거의 순례와 같은 형태로 이 무덤들을 방문했다. 성인들이 악을 쫓아내고 선을 가져다주리라는 확신에 차 있던 사람들은 성인들의 무덤 주변을 둥그렇게 돌면서 자신들을 돌봐줄 것을 간청하는 기도를 올렸다. 특정 바위나 나무들을 숭배하는 이슬람 이전의 미신적인 풍습도 나타났다. 이러한 관행들은 명백한 우상 숭배였다.

와하브에게 있어서 시아파는 진정한 종교를 위협하는 부패의 큰 원천 중의 하나였다. 그는 모든 시아파를 가리켜 '라피다(Rafidite-거부자 혹은 유기자)'라고 불렀는데, 이는 그들이 최초의 칼리프인 아부 바크르와 오마르를 버렸기 때문이었다. 와하브는 바스라에서 최초로 시아파를 만난 이후로 시아파 관행들이 진정한 이슬람과 양립할 수 없다고 여겼다. 그는 이들이 다신교를 이슬람에 도입시켰으며, 알라 이외의 모든 칼리프를 거부하고, 예언자의 동료 중 다수를 배교자로 여긴다고 비난했다. 이들의 타끼야(taqiyya-은폐, 신념 생각 감정들을 숨김)나 무타(muta-한시적 결혼) 등의 관행은 악한 것으로 여겨졌다. 와하브는 시아파 무슬림을 유대인이나 기독교인보다 더 나쁘다고 인식했다.

양경규는 그의 책 『이슬람주의- 와하비즘에서 탈레반까지』에서 이렇게 주장했다.

> "이븐 압둘 와하브는 이슬람 신학자였다. 그는 당시 이슬람을 믿는 사람들이 몽골, 투르크 등 외세로부터 오랜 기간 박해를 받고, 또 근래에 들어서 서방의 제국주의 세력에게 유린당했던 것은, 무함마드가 처음 세운 이슬람을 배반했기 때문이며 이를 극복하기 위해서는 본래의 모습으로 돌아가야 한다고 주장했다. 즉 무함마드의 시절로 돌아가 쿠란과 그의 언행을 기록한 하디스[50]에 철저하게 복무함으로써 이교도의 사상, 특히 서방 세계의 사상과 문물을 몰아내야 한다고 주장한다."[51]

지적하고 싶은 것은, 와하브의 관심은 외세로부터 오랜 기간 받은 압제나 박해가 아니었다는 사실이다. 이런 점에서 양경규의 "서방의 제국주의 세력"이란 주장은 자기 생각에 과도하게 경도된 추정에 불과하다고 평가하지 않을 수 없다.

## 2. 와하비즘(Wahabism)

와하브는 1703년 알 우야이나 지방에서 종교적으로 명성을 떨치던 가문 출신으로 태어났다. 명석했던 그는 10살의 나이에 쿠란을 전부 암송했다. 그는 결혼하기 전 20세 나이에 메카 순례를 다녀온 것을 보인다. 와하브는 당시 이슬람 사회가 낙후된 원인은 전통 이슬람에서 벗어났기 때문이며, 이를 바로잡기 위해서는 이슬람의 근본 교리와 쿠란으로 돌아가야 한다고 주장하였다. 이제 와하브의 주장을 구체적으로 살펴보자.

와하브의 교리는 다음 네 가지 원칙을 바탕으로 한다.[52]

① 타우히드(알라의 유일성과 일체성)를 해석하는 일.

② 다신교(시르크)가 실제로 무엇인지를 보여주는 일.

③ 다신교가 무엇인지 알지만, 다신교들이 잘못된 것이 아니라고 주장하는 자들을 타크피르(불신앙인)로 선언하는 일.

④ 마지막으로 오로지 알라만을 위한 배타적인 종교로 이슬람이 남아있도록 전쟁을 수행하는 일.

와하브는 비록 이슬람의 모든 계율과 조건들을 수용하고 준수한다고 할지라도 알라 이외의 존재나 대상에 기도를 드리는 무슬림에게 가혹했다. 알라 대신 무언가를 숭배하는 것은 모두 우상 숭배(타쿠트)이다. 와하브는 타우히드[53]에 관련해서 그 어떠한 중도도 용납하지 않았다.

## 3. 지하드

와하브는 타우히드를 위해서는 무력이 필수적임을 인식했으며 이에 따라 검을 뽑을 것을 요구했다. 쿠란 8장 39절은 이렇게 말한다. "소동이 없어질 때까지 그리고 종교가 모두 알라께로 귀일할 때까지 그들과 싸움을 계속하라. 만일 저쪽이 그만둔다면 알라께서 그들의 행동을 다 보고 계신다."

와하비즘은 지하드에 대한 수니 이슬람의 일반적인 합의를 따른다. 수피 전통은 '군사적 지하드'를 더 작은 형태로, '영적 지하드'를 더 큰 형태로 정의하지만 와하비즘은 영적 지하드를 인정하지 않는다. 군사적 지하드에는 공격적 지하드와 방어적 지하드가 있다. 공격적 지하드에서 통치자는 우상 숭배자들에게 이슬람을 받아들일 것을 촉구하고, 그들이 거부하면 이슬람 통치하에 그들을 복속시키기 위하여 군사 작전을 개시한다. 방어적 지하드에서 통치자는 적의 공격으로부터 무슬림을 보호하기 위해 군사 작전을 지휘한다. 수니 이슬람 율법에 따르면 공격이든 방어든, 통치자만이 군사 작전을 승인할 수 있다. 1980년대 아프가니스탄의 반소 반군에 대한 사우디아라비아의 지원은 소련이 무슬림 국가를 침공했기 때문에 방어적 지하드로 정당화되었다.

## 4. 와하비즘과 사우디아라비아의 관계

1744년(추정), 와하브는 그 당시 아라비아반도에서 통일 국가 형성을 꿈꾸던 지도자 무함마드 이븐 사우드(Abdulaziz Ibn Saud, 1875-1953)와 운명적으로 만났다. 이븐 사우드는 와하브의 이슬람 운동을 한다는 조건으로 그의 이념적 지지를 확보했다. 모든 종교적인 문제는 와하브의 관할로, 반면 모든 군사적이고 정치적인 사건들은 이븐 사우드의 관할로 하는 조약을 맺은 그들은 곧 아라비아반도의 모든 유목민을 이슬람의 진정한 원칙으로 회귀시키고, 불순한 첨가물들을 정화해야 한다는 데에 동의했다.[54] 이 조약은 사우디 왕조의 시작을 알리는 것이었다. 두 사람은 종교적 열정과 군사적 힘을 바탕으로 지하드를 실행하는 강력한 종교·정치 운동을 발전시켰다. 결국 이븐 사우드와 그의 후손들은 통일 국가를 향한 140년간의 전쟁에서 최종적인 승리를 거두게 되었다. 이때 이크완은 중요한 역할을 했다.

## 5. 이크완

이크완 운동이 어떻게 발생했는지는 정확히 알려진 바가 없다. 이크완은 아라비아 사우드 왕조의 첫 군대로, 베두인 유목

부족들을 와하브파 이슬람주의로 규합해서 만들어진 것이다.

사우드 가문의 족장 압둘 아지즈 알 사우드는 메카 메디나를 장악하고 있는 하심 가문과의 전쟁에서 승리한다.[55] 이때 사우드 가문 승리의 결정적인 힘은 이크완이란 조직에서 왔다. 강력한 종교적 규율로 무장한 이들은 정복한 곳에서 와하비즘의 원리에 따라 술, 담배, 도박, 마술 등을 금지하며 초기 이슬람의 모습을 실현했다. 이들은 전화, 라디오, 자동차 등 서구 문물에 대하여 배타적인 태도를 가졌다. 이크완은 아라비아반도는 물론 전 아랍 지역에서 이교도를 몰아내고, 초기 이슬람의 모습을 실현할 때까지 싸워야 한다고 주장했다.

그런데 그동안 잘 나가던 정치 권력과 종교 권력의 협력 관계에 균열이 생기게 되었다. 이유는 이븐 사우드는 왕국 건설을 본격화하기 위하여 각종 현대적인 제도와 문물, 기계를 도입하려고 했고, 반면 이크완은 이에 대해 강력하게 제동을 걸었기 때문이었다. 결국 이븐 사우드는 이크완 지도자를 축출했고, 이크완은 이에 맞서 반란을 일으켰다. 이븐 사우드는 영국의 군사 지원을 받아 이크완을 철저하게 응징했다. 이들이 아라비아반도 북부에서 격돌했던 전투를 '사빌라 전투'라고 부른다. 이런 과정을 거쳐 1932년에 사우드 가문은 사우디 지역 대부분을 장악하게 되고, 압둘 아지즈 이븐 사우드(Abdul-Aziz ibn Saud)는 자신을 왕으로 하는 사우디아라비아 왕국을 정식으로 선포하였다. 이븐 사우드는 왕국 수립 후 와하비즘을 왕국의 사회 원리로 정식 채택하였고, 와하브파의 성직자들에게 종교 권력을 위임하였다. 따라서 와하비즘은 현재 사우디아라비아의 정치와 사회의 이념적 근간이 되었다. 이렇게 함으로써 이븐 사우드는 정치 권력의 현대화, 사회 체제의 이슬람화라는 두 가지 목표를 병행해 나갔다.

 2004년 9월 사우디의 사실상 통치자인 압둘라 왕세자(왕의 이복동생으로 왕위 세습권 1위)는 이슬람 교육가들을 불러 모아 놓고, "원리주의 교리를 가르치지 말고, 원리주의 행동을 보호하지 말라"고 경고했다. 결국 자신의 권력 기반을 흔드는 테러 조직들이 사실은 바로 사우디 왕가의 건국 파트너였던 와하비즘으로 무장했다는 사실을 인정한 것이었다. 지금 사우디는 국내에서 이들 테러리스트와의 전쟁이 한창이다. 자신들이 이슬람권에 오일 머니로 수출했던 와하비즘이 결국 부메랑이 돼서 돌아온 것이다.

 한편 2017년 살만 국왕은 후계 구도를 바꾸고 어린 아들 무함마드(1985년생)를 왕세자로 승격시켰다. 무함마드 빈 살만(Mohammed bin Salman, 1985- )은 왕위 계승을 위한 입지를 강화하기 위해 사우디 젊은이들의 대중적 지지를 얻기 위한 조치를 취했다. 그는 사우디가 종교적 온건주의에서 벗어났다고 주장하면서 영화관에 대한 제한을 완화하고, 여성의 자동차 운전 금지를 해제해야 할 때라고 선언했다. 그가 사회 분위기를 자유화하는 데 얼마나 더 나아갈 수 있을지는 아직 미지수이다. 2019년에 정부는 여성이 해외여행을 할 때 남성 후견인의 허가를 받도록 하는 규정을 폐지했지만, 여성을 남성 친척의 권한 아래 두는 다른 남성 후견인 규정은 변경하지 않았으며 결혼, 이혼, 양육권에 관한 가부장적 법률은 그대로 유지되고 있다.

## 6. 이슬람권에 미친 와하비즘의 영향

위에서 살펴본 바와 같이 와하비즘의 동기는 이슬람 종교 개혁적인 측면이 강했다. 그 운동의 동기에 서구 제국주의 침탈이라든가 정치 경제 사회적인 환경을 극복하려는 의지는 보이지 않았다. 따라서 와하비즘은 이슬람 원리주의 운동의 시발점이 되었지만 지나치게 종교적으로 보수적인 경향과 엄격한 행동주의 때문에 주변의 아랍 지역으로 쉽게 전파되진 않았다. 오히려 후대에 이르러 와하비즘은 외세의 침탈에 저항하는 사상적, 신학적인 근거로 복무했다. 예를 들어 와하비즘은 인도, 중앙아시아, 아프리카 등지의 이슬람 원리주의 운동에 큰 영향을 주었다. 이들 이슬람 원리주의자는 자국의 부패 정권에 대한 공격과 더불어 이라크, 아프가니스탄 등지에서 서방 세력을 몰아내는 신학적인 근거로 와하비즘을 적극적으로 활용했다. 1979년 소련이 아프가니스탄을 침공했을 때 소련군에 대항해 무장투쟁을 전개한 게릴라 조직 무자헤딘(Mujahideen)도 와하비즘 추종자들이고, 오사마 빈 라덴(Osama bin Laden)이 이끄는 국제 테러단체 알 카에다(Al-Queda)는 와하비즘 세력 가운데서도 가장 극단적인 단체였다.

# 6장

# 무슬림 형제단(자미야트 알 이크완 알 무슬리민 Jamiyyat al- Ikhwan al- Muslimin)과 이집트

    와하비즘 이후 아랍권에서 가장 영향력 있는 이슬람 원리주의 단체는 이집트의 무슬림 형제단(자미야트 알 이크완 알 무슬리민 Jamiyyat al- Ikhwan al- Muslimin)이다. 970년 알 아즈하르 모스크와 더불어 설립된 알 아즈하르 대학교[56]는 이슬람권에서 유학 온 수많은 학생[57]에게 이슬람 원리주의를 파종하는 무슬림 형제단의 못자리와 같은 곳이다. 이집트에서 사역했던 필자에겐 눈빛이 형형하고, 짙은 구레나룻이 인상적인 무슬림 형제단 단원들의 외모가 아직도 생생하다. 필자는 본고에서 무슬림 형제단을 창설한 하산 알 반나(Hassan Al Banna, 1906-1949)의 신학 사상을 점검하고, 무슬림 형제단의 이데올로기를 알아보고, 군사 퍼레이드 중에 일어난 사다트 이집트 대통령 암살 사건까지를 다루어 보고자 한다.

### 1. 아랍 민족주의 실패

이집트의 가말 압델 나세르(Gamal Abdel Nasser, 1918-1970)가 주창한 아랍 민족주의는 1967년에 일어난 3차 중동 전쟁으로 기울어지게 되었다. 6일 만에 아랍 연합군이 대패한 전쟁, 그래서 요르단강 서안, 가자 지구, 시나이반도, 골란고원을 이스라엘에게 빼앗긴 전쟁, 참으로 아랍인들에게 수치를 준 이 전쟁은 아랍 민족주의 열풍에 찬물을 끼얹는 사건이 되고 말았다. 거기에다가 아랍 민족주의와 근대화를 앞세운 각국의 세속주의 정부는 점차 독재 정권이 되어갔고, 이 과정에서 민중의 생존권은 처참하게 박탈되었다. 아랍의 무슬림들은 절망과 분노로 들끓기 시작했다. 이때 '초기 칼리프의 황금시대로 돌아가자!' '우리의 실패는 바로 샤리아를 잃었기 때문이다!'라는 이슬람 원리주의의 메시지가 무슬림들의 귀에 들리기 시작했다.

## 2. 하산 알 반나(Hassan Al Banna, 1906-1949)의 사상

하산 알 반나는 1906년, 카이로 북쪽에 위치한 마을 마흐무디야(Mahmudiyya)에서 태어났다. 시계 수리공이었고, 알 아즈하르(Al Azhar) 대학교 출신인 그의 아버지는 마을 모스크의 이맘으로도 활동했다. 당시 이집트는 영국의 지배하에 있었는데 알 반나는 이 사실을 매우 수치스럽게 여겼다.[58] 알 반나는 13살의 나이에 영국에 반대하는 시위에 참가하기도 했다. 당시 이집트는 형식상 독립 왕국이었지만, 프랑스와 영국이 수에즈 운하를 지배하며 이익을 챙기고 있었다. 17살이 된 알 반나는 카이로의 사범대학, 다르 알 울룸(Dar al Ulum)에 입학했다. 그는 교육을 이슬람의 진리를 전파할 수 있는 가장 적절한 도구라고 믿었다. 1927년 이곳을 졸업한 그는 수에즈 운하 지역의 이스마일리아에서 교편을 잡게 되었다.[59] 여기서 알 반나는 서구의 패권을 처음으로 마주하게 되었으며, 서구의 세속주의와 퇴폐를 부끄러운 줄도 모르고 수용하는 세속적인 무슬림을 만났다. 그는 서구 문화의 영향을 혐오했으며, 여기에 유혹되어 무슬림의 윤리와 이슬람식 생활 방식을 져버린 무슬림을 증오했다. 1928년, 한 무리의 노동자들이 알 반나를 찾아와 외국인들이 가하는 굴욕에 맞서 달라고 탄원하자 마침내 알 반나는 '무슬림 형제단(자미야트 알 이크완 알 무슬리민 Jamiyyat al-Ikhwan al-Muslimin)'을 창설하기에 이르렀다.

처음 무슬림 형제단은 이슬람의 온건한 개혁을 추구하는 무슬림 사회 운동 단체였다. 그런데 이렇게 온건했던 무슬림 형제단이 어떻게, 왜 지하드를 주장하는 이슬람 원리주의의 뿌리가 되었을까? 무슬림 형제단이 급진화된 계기는 바로 팔레스타인 분쟁이었다.[60] 1930년대부터 서방은 팔레스타인 지역에 유대인 국가를 세우는 일을 논의하고 있었다. 따라서 그곳에서 퇴출되는 팔레스타인 무슬림을 돕는 운동은 무슬림 형제단의 중요한 일 중의 하나가 되었다. 이런 인식이 확장되는 과정에서 1948년에 이스라엘이 건국되었고, 이에 맞선 팔레스타인들을 지원하기 위한 아랍 연합국과의 제1차 중동 전쟁이 일어났다.[61] 이에 무슬림 형제단은 전쟁에 참전할 자원자를 모집하는 일을 하게 되었고, 자연스럽게 무장 투쟁이 필요하다는 인식을 확장하게 되었다.

무슬림 형제단이 점차 급진화되자 이집트의 세속 정부 파루크(Farouk) 왕조는 무슬림 형제단을 해체하는 조치를 시행했고, 회원들을 투옥했다. 그러다가 결정적으로 급진화된 계기는 알 반나 암살 사건이었다. 이는 1949년의 일이었고, 그의 나이는 43세였다. 이때 등장한 인물이 바로 사이드 쿠틉이었다.[62]

무슬림 형제단과 이집트 정부의 갈등이 깊어지는 와중에 결국 1952년 6월 이집트 파루크 왕조는 '자유장교단'의 군사 쿠데타로 무너지게 되었다. 바로 그 유명한 가말 압델 나세르의 등장이었다. 그러나 자유장교단과 무슬림 형제단 사이에 공존할 수 없는 종교관, 세계관의 차이가 있었다. 나세르가 범아랍 통일 국가, 세속화된 현대 국가, 산업화를 통한 국가 발전을 생각했지만, 쿠틉과 무슬림 형제단은 이슬람적 가치를 회복하기 위하여 이슬람 원리주의로 돌아가야 한다고 생각했다. 1954년 10월, 무슬림 형제단에 의한 나세르 암살 기도 사건이 터졌고, 두 세력은 도저히 화해할 수 없는 최악의 상황으로 치닫게 되었다. 국가 전복 세력으로 낙인찍힌 무슬림 형제단에 대하여 전면적인 탄압이 시작되었다. 수천 명이 투옥되었고, 여섯 명이 사형되었다. 쿠틉 또한 종신형을 받았다. 그때 쿠틉이 감옥에서 집필한 책이 그 유명한 『진리를 향한 이정표』이었다. 이 저서를 통해 쿠틉은 지하드에 입각한 이슬람 원리주의를 정립하여 전 이슬람권에 강력한 영향력을 미치게 되었다. 결국 그는 1966년 8월 29일 교수형으로 처형되었다. 그가 마지막으로 남긴 유언은 "받아 적어라. 그들이 나를 죽인다면 내 말은 더욱 강해질 것이다."였다.

## 3. 무슬림 형제단의 이데올로기

무슬림 형제단의 정관에 따르면, 무슬림 형제단은 쿠란을 근거로 한 평등하고 부유한, 그리고 자유로운 이슬람 사회를 건설하는 것을 목적으로 한다. 이 목표를 달성하기 위해 제시된 네 가지 행동 양식은 설교, 팜플렛, 신문, 잡지, 서적을 통해 무슬림 형제단의 견해를 알리는 전도(al-dawu'a), 추종자와 대중을 위한 교육(al-tarbiyya), 샤리아 원칙의 의무화(al-tawjib), 이슬람 사원, 학교, 병원을 통한 봉사(al-amal)이다.

1939년 제5회 모임에서 무슬림 형제단은 그 기본 이데올로기를 다음과 같이 발표했다.[63]

1) 총체적 제도로서의 이슬람 - 그 자체로 완전하며, 삶의 모든 분야에서 최종 결정자가 되는 이슬람.

2) 두 가지 주요 원전- 알라의 계시이자 그분의 '입시시마 베르바(ipsissima verva - '바로 그 단어'라는 뜻의 라틴어)'인 쿠란과 예언자의 완벽한 선례인 수나에 기초해 공식화된 이슬람.

3) 보편적인 이슬람- 모든 시대와 모든 장소에서 전 인류를 상대로 적용될 수 있는 이슬람.

무슬림 형제단은 그 목적을 달성하기 위해서라면 폭력을 사용하는 것도 마다하지 않았고, 오히려 다른 조직들보다 한층 더 폭력적으로 변했다. 알 반나의 말을 들어보자.

"지하드는 알라가 모든 무슬림에게 지우신 의무이자 무시할 수도, 피할 수도 없는 의무이다. 알라는 지하드에 상당한 의의를 부여하셨으며 그의 길 위에서 싸운 자들과 순교한 자들에게 아름다운 보상을 내려주신다. 지하드를 행함에 있어서 순교자들을 본받아 행동하거나 그와 유사하게 행동한 이들에게만 그 보상이 돌아갈 것이다. 게다가 알라는 특별히 무자히딘에게 현세와 내세 모두에서 그들을 이롭게 할 진귀한 영예를 하사하셨다. 그들의 순수한 피는 이 세계에서의 승리에 대한 상징이자, 다가올 세계에서의 더할 나위 없는 행복과 성공을 나타내는 표식이다."[64]

"그러나 변명밖에 찾지 않는 이들에게 알라는 극히 지독한 형벌이 예고되어 있고, 알라는(중략) 그들의 비겁함과 영혼 없음을 질책하셨으며, 그들의 나약함과 무단이탈을 크게 질책하셨다. (중략) 지하드를 회피하거나 기권하는 것을 알라는 (중략) 실패가 보장된 7대 죄악 중 하나로 보신다."

알 반나는 지하드를 개인 내면의 저열한 본능과의 싸움이라는 영적인 해석을 거부했다. 그는 이와 같은 내용을 담은 하디

스는 가짜라고 보았다. 따라서 진정한 무슬림이라면 명예로운 죽음을 추구해야 한다.[65]

"나의 형제들이여! 고결하며 명예롭게 죽는 방법을 알고 있는 움미에게는 현세의 훌륭한 삶과 내세의 영원한 행복이 약속되어 있다. 이 세계를 사랑하고 죽음을 두려워한다면 수모와 불명예가 따르리라. 그러므로 지하드를 준비하고 죽음을 사랑하는 이가 되어라."

"어느 날 죽음이 너희를 찾아올 것이며 그 불길한 사건은 오로지 단 한 번 일어난다. 만일 너희가 알라의 길 위에서 이 사건을 맞이한다면, 너희에게는 이 세계에서의 혜택과 그다음 세계에서의 보상이 뒤따르리라. 그리고 형제들이여. 그 무엇도 알라의 뜻 없이는 일어나지 않음을 기억하라."

"너희는 명예로운 죽음을 동경해야 하며 그럴 때 너희는 완벽한 행복을 얻을 것이다. 알라가 나와 너희에게 그분의 길 위에서 명예로운 순교를 맞이할 수 있도록 해주시길!"

무슬림 형제단의 집회에서는 늘 다음과 같은 가사의 노래가 불러졌다.

"알라는 우리의 목적!

예언자는 우리의 지도자!

쿠란은 우리의 헌법!

지하드는 우리의 길!

알라를 섬기다 맞이하는 죽음은 우리의 최고 희망!

알라는 가장 위대하신 분, 알라는 가장 위대하신 분!"

무슬림 형제단은 그들의 정치 사상을 민주적인 이슬람 국가(다울라 이슬라미야), 즉 세속적이거나 신정주의가 아닌 시민 국가를 세우는 일이라고 주장한다. 물론 이런 말은 무슬림 형제단의 캐치 프레이즈에 불과하고, 무슬림 형제단은 그들의 주장과 달리 이슬람 신정 국가를 지향한다.[66] 배타주의와 비관용, 반대를 용납하지 못하는 이슬람 원리주의 운동은 폭력 이외에는 달리 기댈 곳이 없다.[67]

### 4. 사다트 이집트 대통령 암살 사건

1981년 10월 6일, 사타트 대통령은 1973년 이스라엘과의 전쟁 승리를 기념하는 군사 퍼레이드에서 암살당했다. 이집트 정부는 배후로 지목된 쉐이크 오마르 압델 라흐만을 비롯하여 지하드의 지도자들을 체포하여 이집트 최고 군사 법정에 세웠다.

다음은 마지막 재판 중 법무장관이 쉐이크 압둘 라흐만에게 질문하는 부분을 법원 기록에서 발췌한 것이다.[68]

법무장관: 알라가 입법자이자 유일한 재판관이라고 믿는다고 해서 우리가 살아가고 있는 오늘날의 사회적, 정신적 기준들에 의해 해결책을 찾고자 하는 이슬람 사회가 배교자 사회, 이교도 사회가 되는 것은 결코 아니라고 본다.

쉐이크 라흐만: 편의에 따라 알라와 그의 법을 불순종하는 것은 단 한 가지를 뜻한다. 이처럼 행한 자들은 알라의 법을 버리고 자기만의 법을 만든 죄, 길 잃은 이교도라는 것이다. 그들이야말로 알라가 무슬림에게 지하드를 통해 죽이라고 명령한 자인 것이다.

법무장관: 지하드는 살인이 아니다. 또한 이슬람의 교리도 아니다. 지하드는 악과 가난, 질병과 죄에 대한 영적인 싸움이다. 살인은 오직 악마로부터 오는 것이다.

쉐이크 라흐만: 법무장관은 이와 같은 지식을 어디에서 얻었는가? 내가 모르는 쿠란 어딘가에 지하드가 악과 가난, 질병과 죄에 대한 영적인 싸움이라는 구절이 있는가? 어쩌면 법무장관은

최근 알라로부터 새롭게 영감을 받았고 다른 무슬림은 아직 그 사실을 모르는 모양이다.

법무장관: 우리가 살고 있는 이슬람 사회를 불신자, 이교도, 배신자라고 말하는 것은 자비로운 알라와 그의 명령과 그의 법에 대한 모욕이다.

쉐이크 라흐만: 어떤 명령과 법을 말하는 건가? 간통과 도박, 알코올에 타협한 것들 말인가? 법무장관님, 당신의 명령과 법은 악마로부터 온 것이다.

법무장관: 어떠한 무슬림 사회에서도 알라가 유일한 신이며 무함마드가 그의 메신저라고 고백한다면 아무도 그들을 이교도라고 비난할 권리는 없다.

쉐이크 라흐만: 당신이 말한 것은 진정한 진실이 아니다. 사람이 알라가 신이며 무함마드가 그의 메신저라고 고백할 수는 있다. 동시에 그는 자신의 고백에 반하는 행동을 할 수 있으며 다만 그 행동이 그를 이슬람 밖으로 몰아내는 것이다.

법무장관: 알 사다트 대통령은 알라에 대한 사랑과 국가에 대한

사랑으로 자기 삶을 사랑으로 바친 위대한 사람이었다.

쉐이크 라흐만: 당신은 그 사람이 국가에 대한 사랑이라는 미명 하에 어떤 식으로 자기 삶을 바쳤는지 알고 있는가? 그가 바로 모든 종교가 동등하다고 선언한 자이다. 그는 이교도들과 "원숭이와 돼지들"('원숭이와 돼지들'은 유대인들을 묘사하는 쿠란의 표현이다.)의 자손들을 무슬림과 동등하게 만들었다. 그는 세계 제일의 살인범과 친한 친구가 되었다(이스라엘의 수상 베긴을 두고 한 말). 알라를 위해 자기 삶을 바친 바로 그 사람은 이 국가에서 알라의 모든 법을 어겼다. 알라를 예배한 바로 그 사람이 무슬림 여인의 베일을 두고 텐트라고 비꼬았다. 그 사람이 알라를 사랑했다고? 그는 국제 언론들과 전 세계 앞에서 공개적으로 여인과 춤추고 껴안으면서 알라를 모욕하기도 했다. (평화협정을 축하하는 리셉션에서 사다트와 그의 아내는 카터 부부와 함께 춤을 추었는데 그 장면이 국영 방송을 통해 전국으로 방영되었다.) 이것은 사다트가 항상 연설했던 소박한 모습(village behavior)과도 동떨어진 모습이다. 그는 이집트를 기업 자유화로 이끌어 경제를 거의 망칠 뻔했다. 또한 이집트를 도덕적 해이와 사회적 재앙으로 큰 손실을 보게 만들었고, 그가 일으킨 피해를 복구하려면 아마도 여러 해가 걸릴 것이다.

공식적으로 쉐이크 압델 라흐만은 그가 알 지하드에 이교도인 사다트를 죽이라는 종교적인 명령을 내린 것을 증명할 물증이 없다는 이유로 풀려난 후 1985년에 미국으로 망명했다. 반면에 저격수인 칼렛 알 이슬람불리[69]와 『잃어버린 헌신』의 저자 모함메드 아베드 알 살렘을 포함한 다섯 명은 총살형을 받았다.

무슬림 형제단은 사다트 암살 후 지도자들의 구속에 따라 두 당파로 분열되었다. 첫 번째 당파는 종신형을 선고받은 주무르 소령과 1985년 아프가니스탄으로 간 알 자와히리가 이끌었던 급진주의이다. 이 두 사람에게 있어서 지하드는 세속적인 정부를 폭력으로 파괴하는 것이었다. 두 번째 당파는 1970년대 대학가에서 인기가 있었던 자마 이슬라미야의 이름을 재사용한, 폭력을 반대한 온건주의였다. 이 단체의 목표는 '선을 권하고, 악을 추방하는 것' 즉 권선징악이었다.[70]

## 5. 이슬람 원리주의와 이집트 기독교

필자는 한 공동체에 이슬람 원리주의가 상존할 때 팽팽한 사회적 긴장이 흐르고 있음을 보았다. 다음은 이집트 현지에서 경험한 사실들이다. 1990년 초 '아인삼스'에 있는 장로교회가, 1992년 9월 23일 '임바바'에 있는 감리교회가 이슬람 원리주의

자들에 의해 전소된 일이 있었다.[71] 임바바 감리교회의 경우, 목사 부인은 방화를 피해 2층에서 뛰어내렸다가 팔이 골절되기도 했다. 1992년 5월 4일 '아슈트'지역에서 기독교인과 무슬림 사이의 충돌로 14명의 기독교인이 살해된 적이 있었다. 그 여파로 이슬람 원리주의자들이 학교 교실에 침입하여 수업하고 있는 기독교인 교사를 쇠스랑으로 살해한 사건이 일어났다. 그다음 주일에 이집트 카이로 '꼴라리' 교회의 담임목사인 '무니르 하킴' 목사는 "왜 우리가 죽게 된 것을 안 돌아보십니까?"라는 제목으로 그들의 참담한 현실을 설교했다. 경찰의 보고에 의하면, 1993년 2월 11일 쇼브라 엘 키마, 아인스, 자이툰, 지역에서 일어난 기독교 보석상 약탈 사건은 "이슬람 지하드 요원이 이슬람 원리주의 운동에 필요한 자금 조달을 위하여 기독교인의 가게만을 골라 약탈한 것"이라고 했다. 쉐이크 압둘 라흐만은 지하드의 자금을 확보하기 위하여 반무슬림으로 간주되는 기독교인들을 살해하거나 약탈하는 것을 정당화하는 종교 칙령 파트와(Fatwah)를 발표한 바가 있다.[72] 우리 사회에서 이런 일이 일어나서는 결코 안 될 것이다.

위에서 살펴본 대로 처음에 사회 계몽 운동을 목적으로 설립된 무슬림 형제단은 이스라엘-팔레스타인 분쟁을 겪고, 독재 정권과 맞서 싸우면서 점차 과격해졌다. 우리는 무슬림 형제단의 전개 과정을 통해 이슬람 원리주의가 적절한 정치, 경제, 사회적인 환경을 맞게 되면 급진화, 과격화되어 이슬람 테러리즘으로 변하는 현상을 보았다. 이제는 이집트에서 누군가 무슬림 형제단을 이야기하면 응당 이슬람 테러리즘이 떠올려질 정도로 무슬림 형제단은 과격화되었다.

## 7장

# 쿠트비즘(Qutbism)[73]

'이슬람 전사의 두 손에는 두 권의 책이 있다.'라는 말이 있다. 하나는 이슬람의 경전인『쿠란』이고, 다른 하나는『진리를 향한 이정표(Signpost on the Road)』이다.『진리를 향한 이정표』는 이슬람 운동을 추구하는 모든 단체와 대원들이 온건하거나 과격하거나 그들의 성향과 관계없이 꼭 읽는 책으로 여겨진다. 사이드 쿠틉(Sayyid Qutb 1906-1966)의『진리를 향한 이정표』를 읽지 않고, 이슬람 운동과 이슬람 테러리즘을 논하는 것은 경전을 읽지 않고 특정 신앙에 관하여 얘기하는 것과 다를 바가 없다.[74] 이 글은 쿠틉의 일생과 그의 책『진리를 향한 이정표』를 분석함으로써 쿠트비즘을 이해하는데 목적을 둔다.

### 1. 사이드 쿠틉(Sayyid Qutb 1906-1966)의 생애

#### 1) 쿠틉의 생애 전반기-서구 근대화를 지향하던 시기

1966년에 형장의 이슬로 사라진 쿠틉은 참으로 굵직한 굴곡의 삶을 살았다. 쿠틉은 1906년 이집트 남부 아슈트 주의 한 농촌 마을인 무샤(Musha)에서 부농의 아들로 태어났다. 그는 어릴 때부터 쿠란을 공부했고, 열 살의 나이에 지역 초등학교에서 쿠란의 하피즈(암송가)가 되었다. 1929년엔 카이로에 있는 이집트 최고의 사범대학인 다르 알 울룸(Daar al Ulum)에서 4년간 수학한 뒤 1933년 교사 자격증을 취득하게 된다. 교사로 일하면서 그는 문학도로서 소설을 쓰고[75] 여러 언론에 문학 평론을 게재하기도 했다. 그의 문학적인 깊이와 성실성을 높이 평가한 이집트 교육부는 1939년에 그를 정식 장학사로 채용했다. 공무원으로서 그는 미국 유학을 떠나는 1948년이 될 때까지 서구화가 이슬람권의 제반 문제를 해결하는 길이라고 믿고 있었다.

#### 2) 쿠틉의 생애 후반기-이슬람 원리주의 이상에 목숨을 건 시기

그러나 1948년에서 1950년까지 정부의 지원으로 체류한 미국에서의 생활은 그의 사고를 완전히 뒤바꿔놓았다. 그는 처음 입학한 워싱턴의 윌슨 교육대학과 콜로라도 주립대학교를 거쳐 스탠퍼드 대학교에서도 몇 개월 지낸 후 공부를 중단하고 미국 전역을 여행했다. 미국 생활은 그에게 충격을 주었다. 서구화가 이슬람의 제반 문제를 해결해 줄 것이라는 그의 믿음이 깨졌다. 그는 미국 체류 중이던 1949년에 『이슬람의 사회 정의』라는 책을 출판하면서 서구화가 아닌 이슬람을 통한 사회 개혁의 필요성을 주장했다. 이집트로 귀국한 직후 발표한 『내가 본 미국』이라는 글을 통해 쿠틉은 미국의 물질주의, 무분별한 개인의 자유, 경제 체제, 인종주의에 대해 비판했다. 더 나아가 잔인한 권투 시합, 스포츠에 대한 지나친 열정, 헤어스타일, 표면적인 대화와 우정 등 사소한 것에 이르기까지 서구의 병폐를 지적했다.

쿠틉은 미국적인 삶의 방식을 자힐리야(Jahilliya)[76]로 여기고 종교, 예술, 그리고 가치에 있어서 후진성을 면하지 못한 체제로 규정했다. 결국, 미국에서의 경험이 서구화를 거부하고 이슬람 원리주의를 신봉하게 된 계기가 되었다. 귀국 후 1년이 되지 않아 그는 공무원 생활을 끝내고, 1947년에 '무슬림 형제단'에 가입하여 기관지인 '알 이크완 알 무슬리민'[77]의 편집국장직을 맡았다. 1952년 아랍 민족주의를 표방한 가말 압둘 나세르(Gamal Abdul-Nasser)를 비롯한 자유장교단(Free Officers)이 쿠데타를 일으켜 국왕을 축출하고 혁명위원회를 구성했다. 쿠틉이 혁명위원회의 유일한 민간 위원이 되면서 쿠틉의 정치적인 입지가 강화되었다. 하지만 무슬림 형제단이 샤리아 시행의 첫 단계로 금주 조치를 요구하면서 세속적 민족주의를 추구하던 나세르와 반목하기 시작했다. 그러던 중 1954년에 나세르 암살 기도 사건이 발생했다. 이집트 북부 도시 알렉산드리아를 방문한 나세르 일행에게 총격을 가한 사건이었다. 나세르는 이를 빌미로 무슬림 형제단에 대한 강력한 탄압을 감행하여 쿠틉을 비롯한 많은 무슬림 형제단 단원들을 체포 구금하였다. 옥중 생활 중 쿠틉은 『진리를 향한 이정표』, 30권 분량의 꾸란 주해서인 『쿠란의 그늘에서』 등을 집필해 출간했다. 쿠틉은 국가 전복 기도라는 죄명으로 사형 선고를 받고, 1966년 8월 29일 교수대에서 생을 마감했다.

## 2. 『진리를 향한 이정표』에 나타난 쿠트비즘(Qutbism)

『진리를 향한 이정표』는 쿠틉의 옥중 서신이라고 할 수 있다. 수감 생활을 하는 동안 쿠틉은 처음에 수감자들과 대화를 나누면서 자기 사상을 발전시켰다. 그리고 그 생각들을 노트에 적어 감옥 밖으로 몰래 반출시켜 읽도록 했다. 이 노트들이 훗날 쿠틉의 사상을 담은 『진리를 향한 이정표』의 근간이 되었다.

서정민은 『진리를 향한 이정표』를 다음과 같이 분석해보자고 제안했다.[78] 그것은 모든 이념이 그렇듯이 현상에 관한 규정, 현상을 야기한 원인에 대한 분석, 현상이 가져온 결과, 그리고 현상을 바꾸기 위한 해결책이다. 필자도 위와 같은 방법으로『진리를 향한 이정표』를 분석해보고자 한다.

① 현재 이슬람권 상황

쿠틉은 현재 이슬람권 상황을 이슬람 이전의 상황인 '자힐리야(Jahilliya)'라고 한다.[79] 그러면 구체적으로 자힐리야 사회란 무엇인가? 쿠틉은 말하기를[80] 믿음과 사고, 경배와 수행, 그리고 법적인 규율에 있어서 유일신에게 복종하지 않는 사회는 모두 자힐리야 사회이다. 쿠틉은 통치에서 이슬람의 원리를 적용하지 않는 무슬림 국가들의 통치자들을 카피르라고 선언할 수 있는 타크피르(상대를 이슬람으로부터 박탈시키고 그를 이슬람 집단으로부터 추방하는 것) 교리를 채택했다.[81]

현재 세상에 존재하고 있는 모든 사회는 자힐리야 사회이며 크게 네 가지 유형으로 분류할 수 있다. 쿠틉의 설명을 들어보자.

> 첫 번째 유형은 공산주의 사회이다. 그 이유는 공산주의 사회는 지고하신 알라의 존재를 부정하고, 공산주의 사회가 채택하는 삶의 방식은 알라가 아닌 공산당에 대한 복종을 기초로 하기 때문이다.
>
> 두 번째 유형은 우상 숭배 사회이다. 흔히 인도, 일본, 필리핀,

아프리카 등에서 나타나는데 이 사회의 일반적인 특징은 알라 이외에 다른 신을 믿는다는 것이다.

세 번째 유형의 자힐리야 사회는 유대교와 기독교 사회이다. 이들 사회는 원래의 믿음을 왜곡하고 알라의 특별한 속성들을 다른 존재들에게 적용해왔다. 예를 들어 예수를 알라의 아들로 인정하는 삼위일체론이 대표적이다.

마지막으로, 현존하는 모든 '무슬림' 사회들 또한 자힐리야 사회다. 왜냐하면 그들의 삶이 유일신 알라에 대한 철저한 복종에 바탕을 두고 있지 않기 때문이다. 그들은 이슬람에 대한 존중을 단지 입으로만 떠들면서 자신들의 실생활에는 이슬람을 전혀 적용하지 않는다. 쿠틉은 '자힐리야'라는 용어로 현대의 모든 세속적인 삶의 방식과 사고를 강력히 비판한다.

'자힐리야'라는 말과 관련하여 우리가 반드시 알아야 할 단어는 '이슬람의 영토(Dar al Islam, Home of Islam)'와 '전쟁의 영토(Dar al Harb, Home of hostility)'이다. '이슬람의 영토'란 이슬람 국가가 세워지고, 샤리아[82]의 권위가 서고, 알라의 가르침이 지켜지는 곳이다. 그 외의 것들은 타도의 대상인 '전쟁의 영토'이다. 쿠틉은 그의 책 제 9장 '무슬림의 국적과 믿음'에서 '이슬람의 영토'

와 '전쟁의 영토'에 대하여 이렇게 설명했다.[83]

> "이슬람의 영토(Dar al Islam)로 불릴 수 있는 지구상의 장소는 오직 하나뿐이다. 이슬람 국가가 설립되고, 샤리아의 권위가 서고, 알라가 금지한 것이 지켜지는 바로 그곳이다. 그 외 지구의 나머지 지역은 전쟁의 영토(Dar al Harb)이다."

② 현재의 비이슬람적인 상황을 야기한 원인

현재의 비이슬람적인 상황이 야기된 원인에 대하여 쿠틉은 이슬람의 신성한 가르침에 대한 무지 때문이라고 설명한다. 이슬람의 본래의 가치를 따르지 않고, 서구의 종교와 문화, 경제 체제를 무분별하게 받아들인 것이 그 원인이라는 것이다.

③ 현재의 비이슬람적인 상황의 결과

이런 현상이 가져온 결과는 비참뿐이다. 쿠틉은 진정한 종교인 이슬람을 받아들이지 않은 사회에는 무익하고 오도된 철학과 이론, 이념만이 존재하며 그 안에서 개인의 욕망과 이익만을 추구하는 '동물적인 삶'을 살아갈 뿐이라고 한다.

④ 현재의 비이슬람적인 상황의 해결책

쿠틉이 제시하는 해결책은 행동주의이다. 이슬람과 자힐리야,

즉 비이슬람적인 것은 공존할 수 없으므로 자힐리야를 제거해야 한다는 것이다. 오직 알라에 대한 완전한 복종을 바탕으로 한 행동을 통해서만 자힐리야를 제거할 수 있다고 쿠틉은 주장한다. 그는 『진리를 향한 이정표』 제 2장 '쿠란적 방식의 본질'에서 그의 행동주의에 대하여 이렇게 설명한다. 몇 군데 인용해보자.

"이슬람의 믿음은 신학, 이론, 학문적 논쟁의 형태가 아니라 이렇듯 격렬한 환경 속에서 구축된 적극적이고 유기적이며 생명력 있는 운동이었다. 그리고 이러한 특성을 대표하는 것이 바로 무슬림 공동체였다."[84]

"이슬람 신앙은 자힐리야 환경에 맞서 싸우고, 무슬림 공동체 내부에도 존재할 수 있는 자힐리야 사회의 영향력을 제거하려고 노력하는 사회 운동의 형태로 나타나야 한다. … 그래서 이슬람은 단순한 학문적인 논의보다 훨씬 더 광범위한 실천력으로 사람들의 마음은 물론 관습과 도덕까지 다루는 포괄적인 종교이다."[85]

쿠틉의 행동주의 중심에 '지하드(Jihad)'가 있다. 아랍어 단어 '지하드'의 문자적 의미는 '알라의 대의와 이슬람 종교를 위해 분투하고 노력하는 개인적인 또는 공동체적 단위의 활동'이다.[86] 쿠틉은 지하드의 방식을 설교와 전도, 그리고 행동으로 나누면서 그의 책 제 4장 '알라를 위한 지하드'에서 '행동'을 강조하며 다음과 같이 설명한다.[87]

> "이 땅에 알라의 지배를 확립하는 것, 인간의 지배를 폐지하는 것, 찬탈자들로부터 주권을 찾아 알라에게 돌려놓는 것, 그리고 인간이 제정한 법률을 폐지하고 알라의 신성한 법(샤리아)을 집행하는 것은 설교와 전도를 통해서만 달성될 수 없다. 왜냐하면 알라의 권위를 탈취하고 그의 창조물인 인간을 억압하는 사람들이 설교와 전도에 굴복해 자신들의 권력을 포기하지는 않을 것이기 때문이다. … 이를 위해 '설교'와 '운동' 두 가지가 병행되지 않으면 그 목표를 달성할 수 없다. 왜냐하면 각각의 상황에 맞는 실질적이고 적절한 수단이 필요하기 때문이다."[88]

이슬람이란 모든 인간을 위해 알라가 명한 삶의 방식이다. 이 삶의 방식은 알라 한 분의 통치와 주권을 확립하고, 일상의 모든 세부적인 것에 이르기까지 질서를 제공해준다. 이러한 삶의 체계가 온 세상에 자리 잡도록 하려는 노력이 지하드이다.

그러면 쿠틉이 회복하고자 하는 '이슬람의 집(Dar al Islam, Home of Islam)'은 어떤 사회인가? 그는 『진리를 향한 이정표』의 '쿠란 시대의 독특함'이란 장에서 무슬림들이 이상적으로 생각하는 사회 체제인 '쿠란 시대'를 세 가지로 설명한다.[89] 이 설명을 통하여 그가 추구하는 '이슬람의 집'을 좀 더 구체적으로 그려볼 수 있다. 요약하면 다음과 같다.

첫째, 성스러운 쿠란이다. 오로지 쿠란만이 초창기 무슬림의 삶을 가꾸는 틀이었다. 쿠란이 유일한 지침서였던 것은 다른 문명이나 문화, 과학, 학문이나 학파가 없어서가 아니었다. 그들은 '쿠란'이란 한 가지 샘물을 마셨기에 역사상 다른 세대와는 구별되는 특별한 세대로 남을 수 있었다.

둘째, 초창기 무슬림에게는 독특한 배움의 방법이 있었다. 그들은 지식의 양을 늘리기 위해, 과학적 또는 법적 문제들을 해결하기 위해, 그리고 호기심을 해소하기 위한 수단으로 쿠란을 보지 않았다. 그들은 쿠란에서 보고 들은 것을 즉시 행하려는 자세를 가지고 쿠란을 대했다. 그래서 그들은 하루 최대 열 구절 정도만 읽고 암기하고 그대로 행했다. 결과적으로 쿠란의 가르침은 그들의 인성 일부가 되었다.

셋째, 초창기 무슬림은 과거와 단절하였다. 예언자 무함마드 시대에 이슬람으로 개종한 사람은 즉시 자신을 자힐리야로부터 단절시켰다. 다시 말해 과거 자힐리야의 삶과 무슬림이 된 이후의 삶 사이에는 확실한 단절이 있었다. 자힐리야가 이슬람 이전 시대에만 존재했던 것은 아니다. 오늘 우리도 자힐리야에 둘러싸여 있다. 현재의 자힐리야 사회와 타협하기 위해 알라가 계시한 가치와 개념들을 부분적으로라도 수정해서는 안 된다. 절대로 그렇게 해서는 안 된다.

3. '진리를 향한 이정표'에 담긴 쿠틉의 정치, 종교 철학을 정리하면 다음과 같다.

① 현대 이슬람[90] 또는 비이슬람 국가의 사회 및 정치 체제를 지배하고 있는 개념은 자힐리야이다. 쿠틉의 눈으로 보면, 현재의 이슬람은 온건한 이슬람이 아니라 세속화된 이슬람으로 제거되어야 할 자힐리야일 뿐이다. 그에게 '온건한 이슬람'이라는 개념은 없다. 이슬람과 자힐리야는 정반대의 개념으로, 믿음과 배교, 알라의 통치와 인간의 통치, 그리고 신과 사탄으로 비교할 수 있다. 마크 A. 가브리엘은 그의 책, 『이슬람과 테러리즘』에서 자힐리야를 이렇게 설명한다.[91]

> "오늘날의 삶의 방식은 알라와 이 땅에 대한 그의 권위를 모독하고 있다. 경건한 원칙들을 부정하고 있는 것이다…… 이들 이교도들은 이슬람 이전의 사람들과 같은 것이 아니라 훨씬 더 나쁘다. 오늘날의 이교도들은 인간이 만든 제도와 법, 원칙, 체제와 인본주의적인 방법들을 숭상하고 존중한다. 그들은 알라의

법과 그가 인생을 위해 마련한 제도를 경시한다."

② 진정한 무슬림의 의무는 자힐리야를 일소하고, 이슬람 사회를 회복시키는 것이다. 이슬람의 궁극적 목표는 이 지상에서 모든 악과 고통과 탄압을 제거하고(Dar al Harb), 알라의 주권이 지배하는 이슬람 통치(Dar al Islam), 즉 하키미야(hakimiyya, 통치)를 실현하는 데 있다. 마크 A. 가브리엘의 설명을 더 들어보자.[92]

"우리는 이교도들의 문화와 지배권에 물든 지금의 사회를 뒤엎어야만 한다. 이것이 우리의 최우선 과제이다. 우리는 진정한 이슬람과 상충되는 것은 그 무엇이든 파괴해야 한다. 알라가 원하는 방법으로 살지 못하도록 우리를 막는 모든 속박으로부터 벗어나야 하는 것이다."

③ 이런 변화는 지하드를 통해서만 일어난다. 행동하지 않고 현실에 안주하는 사람과 사회는 결코 잘못된 것을 바로 잡을 수 없다. 이것이 쿠틉의 행동주의이다. 마크 A. 가브리엘은 쿠틉의 행동주의를 다음과 같이 설명한다.[93]

"알라는 온 땅에 그의 지배권을 선언한다. 이는 알라가 인간이

> 만들어낸 모든 정부와 지배 체제에 대항한다는 뜻이다. 이 땅에서 무엇이든 이슬람과 상충하면 그것에 대해 철저히 대항해야 한다. 우리는 알라의 변혁을 막는 것은 그 무엇이든 엄청난 힘을 동원하여 제거하고 파괴해야 한다."

이상에서 살펴본 바와 같이 이슬람 원리주의는 자힐리야를 제거하고, 알라의 주권이 회복된 이슬람의 집(Dar al Islam)을 실현하는 운동이다. 이 운동을 위해 지하드가 필요하다. 지하드란 설교와 전도 등 영적이고 내면적인 투쟁으로만 보는 것이 아니라 폭력을 수반하는 외적인 투쟁까지를 의미한다. 지하드는 진정한 무슬림의 의무이다.

결론적으로 우리는 쿠트비즘과 이슬람의 관계를 거칠기는 하지만 다음과 같이 정리할 수 있을 것이다.

'쿠트비즘은 이슬람을 과격하고 급진적인 것으로 왜곡한 것이 아니라 급진적인 이슬람 본래의 모습을 찾아 드러내고, 회복하려고 애쓴 운동이다.'

쿠틉은 과격하고 급진적인 쿠란의 가르침을 추호의 의심 없이 온 몸으로 살아냈다. 그는 말로만이 아니라 두 발로 '순교자의 길 위에' 섰던 것이다. 왜 온건하거나 과격하거나 그들의 성향과 관계없이 이슬람 운동을 추구하는 사람들이 쿠틉을 주목하는지 조금은 이해할 것 같다.

# 8장

# 호메이니(Ayatollah Ruhollah Khomeini)와 이란 이슬람 공화국(Islamic Republic of Iran)

호메이니와 이란 이슬람 공화국! 1979년 2월 11일의 이란 혁명은 호메이니가 망명 생활을 끝마치고 이란으로 돌아와 이슬람 공화국을 세웠던 사건이다. 이란 혁명은 비록 시아파 이슬람 신정 체제에 관한 사건이었지만 전 이슬람 세계에 상당한 영향을 미쳤다. 얼마나 그것이 이슬람 원리주의자들에게 놀라운 소식이었으며 도전이었던가! 그 이후로 방글라데시부터 모로코까지 무슬림 국가들에서 이슬람 혁명 색채를 띤 폭동이 발생할 때마다 부리부리한 눈빛의 호메이니가 그려진 깃발이 나부끼었다. 그만큼 호메이니는 이슬람의 희망이었다. 시간이 흘러 이란 이슬람 공화국이 세워진지 어언 반세기가 다 되었다. 현재 이란 이슬람 공화국은 어떠한가? 이란은 중국 다음으로 사형 집행이 많은 나라이다. 인권 단체인 이란휴먼라이츠(IHR)에 따르면, 2022년에 이란에서는 최소 582명에 대한 사형이 집행되었다. 필자의 마음속에 '이란 이슬람 공화국은 성공할 수 있을까?'라는 회의가 드는 것을 숨길 수 없다.

이글에서 필자는 혁명전 이란 상황, 호메이니와 그의 신학 사상, 이란 혁명과 이란 이슬람 공화국 건설, 그리고 현재 이란의 상황 등을 살펴보려고 한다.

### 1. 혁명 전 이란 상황

페르시아의 마지막 왕조. 카자르 왕조의 코사크 부대 사령관이던 레자 칸 팔레비(Reza Khan Pahlavi, 1989-1944, 재위 기간 1925-1941)가 1921년 쿠데타를 일으켜 정권을 잡았다. 그는 1925년 '레자 샤(Shah-왕) 팔레비'로 등극하여 팔레비 왕조를 열었다. 레자 샤는 1935년 3월 21일 '페르시아'란 이름을 폐기하고 '이란(아리아인의 땅)'으로 국명을 변경하였다. 레자 샤는 이슬람의 종교적, 전근대적 사고방식 대신 세속적, 서구적, 합리적, 근대적 국민 의식을 고양시키려 했다. 그는 여성들에게 공공장소에서 베일을 착용하지 말고, 기장이 긴 전통적인 옷 대신 적당한 길이의 스카프를 착용할 것을 권장했다. 1936년에 레자 샤는 베일 착용을 공식적으로 금지했다.

1941년 9월 16일, 팔레비 왕조의 초대 샤에 이어 그의 아들 무함마드 레자 팔레비(Muhammad Reza Pahlavi 1919-1980, 재위기간 1942-1979)가 팔레비 왕조의 제 2대 샤로 즉위하였다. 그는 전제 군주였지만 진보적인 정책과 함께 서방의 문화를 선호해 세속 적인 성향의 정책을 펼치며 이란의 근대화를 시도했다. '백색 혁명'이라는 개혁을 통해 1963년 이란 여성에게 선거권 및 참정권을 부여했다. 소외된 지역의 교육 접근성을 개선했으며, 결혼과 이혼 등을 포함한 가족보호법을 제정하여 여성의 권리를 확대했다. 가족보호법은 여성의 최저 결혼 연령을 기존의 13세에서 18세로 상향 조정했다. 일부일처제를 명시하여 당시 중동의 다른 국가에 비해 상당히 진보적인 정책을 시행했다. 이란은 매우 보수적이고 종교적인 사회였지만 이란 여성들은 전통적이고 보수적인 틀을 깨고 사회에 진출하려는 의지가 강했다. 공적인 영역에서 이란 여성의 역할이 점점 증가하여 여성 장관과 여성 판사도 나오게 되었다. 그러나 무함마드 레자 샤는 개혁을 밀어붙이기 위해 반대 세력과 언론을 강도 높게 탄압했다. 그와 이슬람 성직자들의 대립은 이슬람 혁명을 촉발한 주요 원인이 되었다.

## 2. 이슬람 혁명과 아야톨라 루홀라 호메이니(Ayatollah Ruhollah Khomeini)의 신학 사상

호메이니는 1902년 9월 24일에 테헤란에서 남서쪽으로 수백 킬로미터 떨어진 호메인 시의 유복한 가정에서 태어났다. 그의 아버지 사이드 무스타파는 시아파 학문의 성지였던 나자프에서 공부하면서 신학으로 학위를 받았다. 호메이니의 친 할아버지 사이드 아흐마드 역시 나자프에서 공부한 바 있다. 호메이니가 1979년 이슬람 혁명으로 창설한 이슬람 신정 국가의 청사진도 바로 나자프에서 구상했다고 한다.[94] 호메이니의 이슬람 혁명은 팔레비조 50년 동안 많은 영역에 침투된 서구 문화의 잔재를 일소하고, 샤리아로 다스리는 이슬람 신정 국가를 건설함으로써 세속화된 이란을 이슬람화 했다.

시아파 이슬람으로 알려진 무슬림들은 무함마드의 혈족으로서 유일한 합법적인 계승자는 알리이므로 선출에 의한 다른 칼리프들을 찬탈자라고 주장한다. 따라서 시아파 이슬람 원리주의자들은 무함마드의 메디나 10년간의 통치 기간 및 알리의 656-661년 통치 기간 4년 6개월만이 이슬람의 황금기라고 주장하며 3명의 칼리프 통치 기간(632-656)을 제외하는 경향이 있다. 일반적으로 수니파와 시아파 이슬람 원리주의자들은 661년 알리 사후의 모든 역사를 타락의 시대로 간주한다.

이제 구체적으로 호메이니의 신학 사상과 주장을 살펴보자.

① 이슬람 혁명은 경제적인 이유로 일어난 것이 아니다.

호메이니는 공개적으로 1979년의 이슬람 혁명은 경제적이 이유가 아니라 이슬람을 위한 것임을 주장했다. 1979년 9월 8일에 행한 호메이니의 연설 중 일부를 살펴보자.[95]

> "나는 모든 사람이 우리의 운동, (중략) 우리가 엄청난 노력과 희생을 했으며 젊은이들이 죽어나가고 가정들이 파괴되었던 그 운동, (중략) 그것이 오로지 이슬람을 위한 것이었음을 인식하기를 바란다. (중략) 우리가 고작 집세를 낮추기 위하여 젊은이들을 희생시켰다고 생각하는 (중략) 사람은 절대 용납할 수 없다. 누구든제 정신이라면 고작 집세를 낮추기 위하여 젊은이들을 희생시키지 않을 것이다. 몇몇 이기적인 사람들이 만들어내는 논리에 따르자면 (중략) 희생의 목표가 농업을 증진시키기 위해서였다는 말도 있다. 그 누구도 더 나은 농업을 위하여 목숨을 바치려 하지는 않을 것이다. (중략) 이슬람은 진중한 종교다."

② 샤리아의 특성은 보편성, 포괄성, 영원성이다.

호메이니는 이슬람법의 보편성과 포괄성, 그리고 영원한 타당성을 강조한다.[96]

"쿠란의 고귀한 구절 중 하나에 따르자면, 이슬람의 법령은 특정 시대나 장소에만 한정되는 것이 아니다. 이슬람법은 영구적이며 종말 이전까지 적용되어야 한다. (중략) 이슬람법이 특정 시대나 장소에 한정되거나 그 이외에는 유보된다는 주장은 이슬람의 근본적인 교리적 기초와 반대되는 이야기이다."

이슬람의 보편성 때문에, 또한 알라가 전 세계가 이슬람을 따를 것을 의도하셨기 때문에, 모든 무슬림들과 특히 무슬림 학자들은 이슬람의 지식을 전 세계에 퍼트릴 의무를 진다. 이슬람을 보존하는 것 역시 무슬림의 의무이기 때문에, 그 결과 이따금씩 피를 뿌릴 때가 있다.[97]

"이슬람의 위대한 예언자는 한 손에는 쿠란을 들고, 나머지 한 손에는 검을 들었다. 배반자를 처단하기 위해서는 검이었지만 지도(指導)를 위해서는 쿠란이었다. 지도될 수 있는 이들에게는 쿠란이 그들을 지도할 수단이었으며, 지도될 수 없는 자들이거나 음모자들의 경우에는 검이 그들의 머리를 베었다. (중략) 이슬람은 신앙심 없는 자들에게는 피의 종교이지만 다른 사람들에게는 지도(指導)의 종교이다."

호메이니와 그의 추종자들은 국제 정치를 '피압박 민족 약

소국과 초강대국과 그 동맹국들 간의 투쟁'이라는 이분법적으로 설명하고 있다. 그들은 이슬람, 특히 현 이란 이슬람 공화국으로 대표되는 '혁명적 이슬람'을 전 세계 피압박 민족들을 위한 적절한 이데올로기로 여긴다. 1984년 11월 이슬람 자문위원회 의장이고, 이란 이슬람 공화국의 대통령이었던 라프산자니(Akbar Hashemi Rafsanjani, 1934-2017)는 당시 "어떤 사람도 방관할 수 없고, 숨길 수 없는 것이 이슬람 혁명의 전파이다. 이슬람은 지정학적인 영토에 국한 될 수 없고, 이슬람의 메시지의 수출은 이슬람의 의무인 것이다."라고 선언했다.[98]

③ 이슬람은 평화주의자의 종교가 아니다.

호메이니는 이슬람과 지하드에 대한 평화주의자적 해석을 하는 이들을 경멸했다.[99]

> "이슬람에 대하여 아무것도 모르면서 이슬람이 전쟁을 반대한다고 말하는 자들에게 말한다. (중략) 이슬람은 '너희를 죽이고자 하는 이들을 알라를 위하여 죽여라!'라고 말한다. 이것이 과연 우리가 (적에게) 항복해야 한다는 의미일까? 이슬람이 말하기를 세상의 모든 선에는 반드시 검의 덕이 있으며, 모든 선은 반드시 검의 그림자 아래에 존재한다. 검 없이는 사람을 순종하게 만들 수 없다. 검은 천국의 열쇠이며, 그 문은 오로지 신성한

전사들만이 열 수 있다. 무슬림에게 전쟁을 가치 있게 여기고 싸움에 나서라고 촉구하는 찬송가와 하디스들은 수백 개도 더 있다. 과연 이 모든 것들이 이슬람이 사람으로 하여금 전쟁을 피하도록 하는 종교라는 의미일까? 나는 그리 주장하는 멍청한 영혼들에게 침을 뱉는 바이다."

④ 유엔 등 국제기구는 서구 제국주의의 대리 기능을 수행하는 기구일 뿐이다.

호메이니의 관점에서 서구 진영이 만든 국제기구들은 이슬람 세계와 무관할 뿐만 아니라 이슬람 국가들과 제3세계 국가들을 지배하기 위한 서구 제국주의의 대리 기능을 수행하는 기구일 뿐이다. 장병옥은 "국제법과 국제기구가 단순한 강대국의 '도구'라는 호메이니의 믿음은 이슬람적이거나 심지어 이란적인 것도 아니다. 그런 믿음은 오랫동안 제3세계 지식인들의 일반적인 인식이었을 뿐이다."고 평가한다.[100] 호메이니와 그의 제자들은 선진국에 대한 후진국의 의존 상태를 야기하고, 영속화시키는 자들은 이슬람 국가 내의 부패한 통치자들과 정치 엘리트들이라고 비판한다. 호메이니는 오스만 제국의 멸망은 무슬림 세계를 정복하여 그 부를 약탈하기 위하여 분열을 획책한 서구 제국주의의 음모였다고 믿었다.

⑤ 군주제는 이슬람과는 근본적으로 부합되지 않는 불법적인 것이다.

군주제와 왕조적 계승은 이슬람에 위배되는 것이라고 호메이니가 1970년 학생들에게 행한 일련의 강론에서 주장했다. 이것은 다음 해 1971년 봄에 『이슬람 정부론: 이슬람 법학자의 통치론』이라는 제목으로 출간되었다. 그는 이 책에서 법에 의한 왕권의 정통성이란 기존의 정치 이론을 거부하고, 이맘이 통치하는 순수한 시아파 이슬람 신정 국가 건설을 주장했다. 따라서 그는 "군주제는 이슬람과는 근본적으로 부합되지 않는 불법적인 것이다."라고 선언하고, 이맘제의 교리에 따른 신정 일치 체제를 주장했던 것이다. 호메이니의 이슬람 신정 국가 사상은 그의 책 『이슬람 정부론』에 잘 나타나 있다.[101]

> "이슬람 정부는 기존의 어떤 형태와 구조가 아니다...... 입헌 군주제와 입헌 공화제는 대다수 국민을 대표하는 통치자들이 그들의 법률을 국민에게 부과할 수 있는 반면에, 이슬람 신정 국가는 신법의 통치이다. 이러한 정부 체제에 있어서 모든 주권은 알라로부터 나오고, 법률은 곧 알라의 말씀인 것이다. 이 점에 관해서 통치자는 법률과 정의에 대한 지식을 갖추어야만 한다. 왜냐하면 이슬람 신정 국가는 법치이지 개인의 독재가 아니기 때문이다. 이러한 의미에서 이슬람 법학자 파키만이 정의로운

올바른 통치자가 될 수 있다."

이와 같이 호메이니는 오직 알라만이 유일한 입법자라는 점 때문에 이슬람 신정 국가는 모든 다른 정부 형태와 다르다는 것을 강조한다. 즉 주권은 오직 알라에게만 주어진 것이므로 군주의 통치, 더욱이 왕조나 제국에 기초한 정부는 이슬람 사회 안에서 존재할 수 없다는 것이다.

### 3. 이란 이슬람 공화국(Islamic Republic of Iran)

이란 이슬람 공화국 헌법은 전문 제14장 제175조로 구성되어 있다. 이슬람 법학자들로 구성된 혁명수호평의회는 혁명 과정에서 함께 했던 사회주의, 자유주의 세력을 모두 제거하고 본격적인 신정 체제를 구축해나가기 시작했다. 혁명수호평의회는 구 왕정의 군 간부를 숙청하고, 군대를 대규모로 축소하는 대신에 혁명수비대를 통해 군권을 장악했다. 대통령과 국회의원에 출마하기 전 자격 심사에 대한 권한을 혁명수호평의회에 주어 다른 세력이 진출할 수 있는 길을 원천적으로 막았다. 의회를 통과한 법률이라 할지라도 혁명수호평의회의 승인 없으면 폐기되었다. 이는 곧 이슬람 법학자들에 의해 나라가 통치되는 것이며, 그 위에 호메이니가 막강한 권력을 갖는다는 것을 의미한다.[102] 이란은 이제 샤리아에 의해 통치되는 신정 국가가 된 것이다. 신정 국가라는 이념에 반대하는 세력을 무력화하기 위하여 사바크[103]를 대신하는 정보보안부를 신설했다. 이 정보보안부는 신정 국가를 위한 사회적 통제를 전면화했다. 언론 자유에 대한 철저한 통제, 여성들에 대한 히잡 착용의무화, 세속주의에 입각한 비종교적 지식의 산실인 대학 폐쇄 등의 조치가 이뤄졌다. 이뿐만 아니라 서방의 모든 문화, 즉 음악 영화 TV드라마 등에 대한 전면적인 금지도 시행되었다. 이란 이슬람 공화국의 교육 정책 10대 목표 중에는 다음과 같은 조항이 있다.[104]

① 쿠란과 예언자 및 이맘의 전승에 기초한 일신교에 대한 믿음을 강화시킨다.
② 알라와 자신, 그리고 사회에 대한 의무와 책임을 강화시킨다.
③ 이슬람적 형제애의 유대감을 강화시키고, 사회적 활동에 참여하도록 학생들을 격려하며 법과 규칙, 그리고 가정의 건전함을 중요시하게 한다.
④ 민족 문화 및 이슬람 문화 그리고 역사에 대한 정보를 주고, 학생들이 민족 정체성과 문화유산을 존중하게 한다.
⑤ 무슬림이라는 단일성, 정치적 독립, 국가 방위와 더불어 신권, 즉 알라의 통치권에 대한 믿음을 강화시킨다.

아야톨라 알리 하메네이(Ayatollah Ali Khamenei, 1939-)는 호메이니가 1989년 6월 4일 사망한 이후 종신직인 이란의 최고지도자 자리를 33년째 유지하고 있다. 따라서 이란은 선거를 치르지만 사실상 종교 우위의 독재 국가에 가깝다.

### 4. 이란의 현재 상황

이란의 현재 상황을 신문에 보도된 내용을 중심으로 살펴보려고 한다. 1979년 이란 혁명 이후로 이란 내에서 자행된 인권 유린을 감시해 온 이란인권기록센타(IHRDC)의 보고를 보자.[105]

> "이란 이슬람 공화국의 연간 사형 집행 수는 전 세계에서 두 번째로 높다. 예를 들어 2011년에는 총 660명이 이란 이슬람 공화국에서 처형되었다. 청소년 역시도 강행 규범을 위반하는 경우라면 사형에 처해질 수 있다. 게다가 사형은 강력 범죄에만 국한 된 것이 아니다. 간통, 마약, 남색, 배교, '예언자 모독' 그리고 '지상에서 타락의 씨앗을 뿌리는' 등의 모호한 국가보안법 등이 모두 사형에 처해질 수 있었다."

이란인권기록센타는 이란 이슬람 공화국 내 여성에 대한 처

우가 점점 악화되고 있음을 감시해왔다. 다음은 이란인권기록센타의 보고서가 내린 결론이다.[106]

"이란 이슬람 공화국의 법체계는 여성을 남성에 대한 종속자로 인식하며, 남성과 국가의 관리 및 통제가 필요한 불완전한 인간으로 간주한다. 이란 이슬람 공화국 헌법에서는 평등을 제창하고 있지만, (중략) 이들의 법체계 아래에서 여성은 여전히 2등 시민의 대우를 받는다. 예를 들어 이슬람 형법에서 여성이 가지는 가치는 남성이 가지는 가치의 절반과 같다. (중략) 이란 이슬람 공화국 민법 및 가족법 또한 같은 맥락으로, 상속 시 여성은 남성 몫의 절반만 상속 받을 수 있다. 마찬가지로 결혼과 이혼에서도 여성보다 남성에게 훨씬 더 많은 권리가 주어진다. 가장 눈에 띄는 것은, 남성만이 한 번에 여러 명의 혼인 상대를 유지할 수 있다는 점이며, 남성만이 일방적이고, 무조건적으로 이혼할 권리를 가지는 반면, 여성은 남성의 동의 혹은 특수한 경우 외에는 판사의 허가 없이는 이혼할 수 없다. 이것이 인권 침해임은 의심할 여지도 없다."

"이란 혁명의 아버지로 불리는 이맘 호메이니는 『악마의 시(the Satanic Verse)』라는 소설이 이슬람을 모독하는 내용이라며 영국 국적의 저자 살만 루슈디(Salman Rushdie, 1947-)를 죽이는 자에게 미화 150만 불의 포상금을 주겠다는 파트와(Fatwa: 이슬람 칙령)를 내렸다.[107] 루슈디는 영국 경찰의 보호를 받고 있었으나 후에 미국으로 도피하여 국적과 이름을 변경했다. 그러나 루슈디에 대한 살해 명령은 결국 지난해(2022년) 8월, 미국에서 레바논 이민 2세인 하디 마타르(24)가 한 강연장에서 루슈디를 흉기로 공격하면서 실행에 옮겨졌다. 루슈디에게 심한 상해를 입혔지만 목숨을 끊지는 못했고, 범인은 현장에서 체포되었다. '이맘 호메이니의 파트와 실행을 위한 재단'은 하디 마타르에게 '루슈디의 눈을 멀게 하고 한쪽 손을 마비시킴으로써 무슬림을 행복하게 해준 젊은 미국인의 용감한 행동에 진심으로 감사한다.'면서 농지 1,000 평방미터를 시상했다."(연합뉴스 2023. 2. 21.)

1979년 이슬람 혁명 후 이란 정부는 모든 여성이 공공장소에서 베일과 헐렁한 옷으로 온몸을 가리도록 하는 복장 규정을 의무화했다. 복장 규정을 위하여 잠복 활동하는 도덕 경찰은 약 7천 명 정도이며, 주요 임무는 여성의 복장 단속을 비롯하여 여성의 머리카락이 너무 많이 보이는지, 바지와 겉옷이 너무 짧거나 꽉 끼는지, 화장이 너무 짙은지 등을 검사할 수 있다. 베일을 착용하지 않은 여성은 식당 출입이 금지되며 만약 이를 위반하면 당사자는 물론 식당 주인도 이를 방조했다는 이유로 영업 정지 등 문책을 받는다.

"2022년 9월 13일 이란 테헤란 도심에서 히잡(Hijab)[108]을 제대로 착용하지 않았다는 이유로 쿠르드족 여성 마흐사 아미니(Mahsa Amini, 22)가 '도덕 경찰(morality police)'에 끌려간 뒤, 16일 의문사 했다. 아미니의 사망에 항의하는 반정부 시위는 2009년 민주화 시위 이후 최대 규모이며 여성이 시위의 주체가 되고 있다. 2022년 11월 10일자 LA타임스(Los Angeles Times) 인터넷판은 54일 동안 시위를 모니터링한 이란의 인권 운동가(Human Rights Activists in Iran) 단체의 말을 인용해서 이 소요로 어린이를 포함 최소 328명이 사망하고, 1만 4825명이 체포됐다고 보도했다. 반정부 시위에서 이란 여성들이 베일을 불태운 것은 이번이 처음이다."(국민일보 2023. 2. 27.)

이정순[109]은 〈이란 시위로 본 무슬림 여성과 베일〉이라는 제목의 글(「선교타임즈」 2023년 1월호와 2월호 발표)에서 이번 이란의 시위는 '여성과 베일'의 문제만이 아니라고 다음과 같이 지적했다.

"이는 이란의 내부적 문제들이 동시에 터지면서 분출된 탓이다. 거리의 시위대는 대부분 청년들로 그들의 좌절감을 나타냈다. 1979년 이슬람 혁명 이후 지난 40년 동안 이란 정치인들의 조직적인 부패와 수십 년간의 높은 인플레이션, 50% 넘는 물가 상승

률, 빈곤층의 증가, 제로에 가까운 경제 성장, 높은 실업률, 후진적 행정 시스템, 사회 및 정치적 자유 결핍 등 수많은 요인들 때문에 이란의 젊은 세대는 미래에 대한 희망을 잃고 있다. 국민 약 60%가 35세 이하인 이란 청년들의 30%가 실업자이며, 이들은 인터넷 등으로 다른 나라 청년들의 자유를 간접적으로 경험하고 있다. 이란 국민들은 오랜 경제적 위기로 피로감이 높아지면서 경제적 위기의 책임도 함께 묻고 있는 것이다. 이번 시위에는 1979년 이슬람 혁명 이후 처음으로 서로 다른 경제적 배경을 지닌 사회 계층이 테헤란의 중산층부터 멀리 낙후된 지역의 노동자 계층까지 함께 항의에 나섰다."

## 5. 이슬람 신정 통치로부터의 자유

'독재자에게 죽음을!'을 외치며 국가 전복을 꿈꾸던 시위대의 동력은 이란 보안군의 무자비한 진압과 당국의 정치적 탄압으로 크게 떨어진 상태다. FT(파이낸셜 타임즈)는 "시위대의 분노는 시위에 참여한 4명이 사형을 당하면서 좌절로 바뀌었다"고 설명했다. 시위의 구심점이 없다는 것도 영향을 끼쳤다. 이번 정국에서 하메네이에 맞선 야당 인물은 없었으며 현 체제를 개선할 대안을 제시하는 사람도 없었다. 익명을 요구한 개혁파 전문가는 "이 정도 대규모의 반정부 시위에서도 믿을 만한 대안이 나오지 않았다"며 "이슬람 공화국은 운이 좋다"고 FT에 말했다. 무슬림 여성으로서 처음으로 노벨 평화상을 수상한 이란 인권 운동가 시린 에바디는 미국 조지타운대에서 열린 '이란 민주주의 운동의 미래' 포럼에서 "우리가 연합하지 않아 정권이 44년 동안 살아남은 것"이라고 개탄했다.

그러나 이란에서 사역했던 L선교사는 그의 강의, 「이란 이슬람 혁명은 성공할 수 있을까?」(미간행)에서 다음과 같은 이유로 '이란의 역이슬람 혁명의 성공 가능성'을 조심스럽게 예측한다.

첫째, 이란 국민들이 문제의 핵심은 이슬람 원리주의 통치에 있다는 사실을 잘 알고, 정확한 공격 목표를 설정했다는 것이다. 샤리아 아래서는 기본적인 인권을 보장받지 못한다는 사실을 이슬람 혁명 후 44년간의 경험을 통하여 체득한 것이다.

둘째, 이란에서 이슬람 원리주의의 쓴맛을 철저히 경험하고 해외로 빠져나간 사람들 중에 서방 세계에서 높은 수준의 교육을 받고, 각 나라와 국제 사회에서 영향력을 행사하는 사람들이 많아졌다는 것이다.

셋째, 이란의 세속 민주주의 국가 건설에 앞장서는 영향력 있는 지도자 그룹이 결성됐다는 것이다. 이란의 마지막 왕세자 레자 팔레비, 인권변호사 출신으로 노벨 평화상을 수상한 쉬린 에바디, 이란에서 역이슬람 혁명의 생생한 현장 뉴스를 전하다가 이란 정부로부터 살해 위협을 받고 미국으로 탈출한 언론인, 작가, 여성 인권 운동가인 미씨 알리네저드 등이 그들이다.[110]

넷째, 끝을 모르고 곤두박질치고 있는 이란 경제 상황이 이란 이슬람 공화국에 대한 국민들의 반대 정서를 자극하고 있다. 지금 이란의 국영기업들 중에서 급여를 몇 개월씩 밀린 회사가 적지 않다. 이슬람 정권의 경제 실패는 정권에 대한 분노로 바뀌고 한 걸음 더 나아가 그들이 강조하는 샤리아에 대한 분노로 변한 것이다.

시간이 걸릴 수도 있겠지만 이란 민주화에 대한 기대감이 그 어느 때보다 높아져 있다.

## 9장

# 사이드 아불 알라 알 마우두디
# (Sayyid Abul-Ala al-Mawdudi, 1903-1979)와
# 파키스탄

　아름다운 이름을 가진 나라, 파키스탄! '파키스탄'이라는 국명은 우르두어나 페르시아어로 해석하면 '순수함이 넘치는 땅'이라는 뜻을 가지고 있다. '파키스탄'이라는 단어를 '파키'라는 단어와 '스탄'이라는 단어로 나눌 수 있다. 먼저 '파키'는 페르시아어로 '순수함', 혹은 '청정함'이라는 뜻을 가지고 있고, '스탄'은 페르시아어로 '풍요로운 곳', 혹은 '모든 것이 넘치는 곳'[111]으로 해석할 수 있다. 알고 보니 너무도 아름다운 이름이다. 그런데 그 땅이 '고통의 땅'으로 인식되고 있는 이유는 무엇일까? 그것은 파키스탄의 지난한 과거의 역사와 무관하지 않을 것이다.
　'파키스탄'이라는 국호는 파키스탄의 독립운동가인 초우다리

라흐마트 알리(Chaudhari Rahmat Ali)가 옥스포드 대학 재학 중 고안한 단어라고 한다. 그가 1933년에 발간한 팸플릿인「Now or Never」에서 처음 사용한 것으로 알려져 있다. 인도 제국의 서쪽에 무슬림이 다수 거주하는 인더스 강 유역의 펀자브(Punjab), 아프간(Afgan), 카슈미르(Kashmir), 신드(Sindh), 발루치스탄(Baluchistan)에서 앞 글자를 따와 'PAKSTAN'을 만들고, 발음의 용이성을 위하여 중간에 'i'를 추가하여 지었다. 그 팸플릿에는 "'파키스탄'에 살고 있는 3천만 무슬림들이여!"라는 문구가 적혀 있다.

## 1. 파키스탄의 역사와 이슬람

파키스탄의 이슬람을 이해하기 위하여 인도-파키스탄 분리 독립 당시의 역사적인 상황을 알아볼 필요가 있다.

1946년에 영국이 인도를 독립시키기 위하여 인도와 파키스탄 지방에서 총선거를 실시하여 자치의회를 구성하도록 했다. 이 선거에서 무슬림연맹(Pakistan Muslim League, PML)은 무슬림들에게 할당된 의석수 가운데 90%를 휩쓸었다. 이로 인하여 파키스탄의 분리 독립을 외치던 무슬림연맹의 목소리가 커지게 되었다. 무슬림연맹이 인도 내 무슬림들의 대변자임을 부정하던 인도국민회의(Indian National Congress, INC)조차도 어쩔 수 없이 무슬림연맹을 협상자로 인정할 수밖에 없었다. 게다가 영국도 인도의 모든 무슬림을 대표한다고 천명한 무함마드 알리 진나(Muhammad Ali Jinnah, 1876-1984)와 그의 '2국가 독립론(인도와 파키스탄)'을 무시할 수 없게 되었다. 그럼에도 불구하고 인도를 2개로 나뉘어 독립시키고 싶지 않았던 영국은 '내각 작전(Cabinet Mission Plan)'을 통하여 인도와 파키스탄을 묶기 위한 최후의 노력을 기울였다. 이러한 노력에도 불구하고 '내각 작전'이 수포로 돌아가자, 영국은 1946년과 1947년 사이에 영국의 식민 통치를 완전히 끝내고 더 이상 인도에 개입하지 않겠다는 의사를 내비쳤다. 이를 자와할랄 네루(Jawaharlal Nehru, 1889-1964) 등 인도국민회의와 무함마드 알리 진나 등 무슬림연맹이 받아들이면서 1947년 6월까지 마운트배튼(Mountbatten, Louis, 1900-1979) 인도 총독으로부터 권력을 이양 받기로 했다. 마침내 1947년에 영국이 인도 식민지를 인도와 파키스탄으로 분할 독립시킨다는 것을 승인하면서 1947년 8월 14일에 파키스탄이 영국으로부터 독립하였다. 당시 파키스탄의 영토는 무슬림이 다수를 차지한 인도 제국의 동부 지방과 북서부 지방이었는데, 크게 발루치스탄, 동부 벵골, 북서부 국경 지방, 서부 펀자브, 신드 주였다.

분할 독립이 선포되자 인도와 파키스탄에 걸쳐 있던 펀자브 지방에서 힌두교도들과 무슬림 사이에서 격렬한 충돌이 일어

**9장** 사이드 아불 알라 알 마우두디(Sayyid Abul-Ala al-Mawdudi, 1903-1979)와 파키스탄

났다. 대략 20만 명에서 200만 명 사이에 달하는 사람들이 종교 갈등으로 사망한 것으로 알려졌다. 이 과정에서 5만 명에 달하는 무슬림 여성들이 힌두교도와 시크교도들에게 납치되거나 강간당했다. 또한 3만 3천 명의 힌두교도 여인들 또한 무슬림들에 의하여 같은 일을 당했다. 이후 대대적인 이주가 일어났다. 650만 명에 달하는 무슬림들이 인도에서 파키스탄으로 이주하였고, 470만 명에 달하는 힌두교도들과 시크교도들이 파키스탄에서 인도로 피난을 갔다. 이는 인류 역사상 최대 규모의 집단 이주 사건이기도 했다. 이 과정에서 잠무-카슈미르 지방에 대한 영유권 문제가 발생하였다. 이 영유권 문제와 해묵은 종교 갈등 문제가 복합적으로 얽히면서 결국 1947년에 인도-파키스탄 전쟁이 발발하게 되었다.

1947년에 독립한 후 무슬림연맹의 지도자였던 진나는 파키스탄의 첫 총독으로 취임하였다. 1949년경 이슬람 정당인 자마아트-이-이슬라미(Jamaat-i- Islami)의 창설자인 사이드 아불 알라 알 마우두디(Sayyid Abul-Ala al-Mawdudi, 1903-1979)가 주도하여 이슬람교와 샤리아에 기초한 파키스탄의 헌법을 만들었다. 이 과정에서 마우두디는 제헌의회가 헌법에 '유일신의 최고 권위'를 명시하고, 샤리아가 일반법보다도 더 상위에 있음을 인정해야 한다고 주장하여 이를 통과시켰다.

파키스탄 정부는 건국 직후부터 사회 전반에 걸쳐 강력한 이슬람 율법을 강요했는데, 서파키스탄 지역에서는 상대적으로 반발이 적었다. 반면 벵골 지방을 중심으로 한 동파키스탄 지역에는 세속주의를 추구하고, 민족을 종교보다 우선시했던 벵골의 전통적 엘리트층들이 다수 모여 살고 있었기에 지나친 이슬람 율법 강요에 대하여 강하게 반발하였다. 이슬람 정당이었던 자마트-이-이슬라미는 파키스탄이 완전한 이슬람 국가라고 선포한 마당에 벵골의 지역적인 민족주의를 용납할 수 없었다. 1971년에 방글라데시 독립 전쟁이 일어났을 때 자마트-이-이슬라미는 파키스탄 군대 편에 서서 벵골의 민족주의자들과 전투를 벌였다.

한편 세속적인 근대화를 추구하였던 줄피카르 알리 부토(Zulfikar Ali Butto, 1928-1979) 총리가 처형되고, 종교 세력을 등에 업은 지아 울 하크(Muhammad Zia-ul-Haq, 1924-1988)가 대통령이 되었다. 따라서 그는 이슬람에 더 친화적일 수밖에 없었다. 그는 샤리아를 전면 시행하였다. 지아 대통령은 독립적인 샤리아 법원을 창설하였고, 이슬람 율법에 통달한 배심원들을 양성하였다. 또한 '울라마'라고 부르는 이슬람 법학자들과 이슬람 정당들의 영향력을 강화하였으며, 특히 이슬람 원리주의인 데오반드(Deoband)파[112]와의 협력을 굳게 하였다.

## 2. 사이드 아불 알라 알 마우두디(Sayyid Abul-Ala al-Mawdudi, 1903-1979)의 신학 사상

이슬람 원리주의에 대한 글을 읽을 때 반드시 만나게 되는 사람이 사이드 아불 알라 알 마우두디이다. 그만큼 그는 이슬람권에 영향력을 가진 인물이었다. 1903년 남부 인도 우랑가바드 시에서 태어난 마우두디는 수피 성인의 혈통을 잇는 델리의 저명한 가문 출신이었다. 마우두디는 한때 서구 문명에 이끌렸던 적이 있으나 그는 이슬람의 쇠퇴 원인을 이슬람이 서구 문화의 영향을 받아 부패했기 때문이라고 결론을 내렸다. 1932년, 그는 '순수한' 이슬람을 전파하기 위하여 우르두어 잡지 「타르주마늘 쿠란(Tarjumanul Quran)」을 만들었다. 그의 생각을 들어보자.

> "내가 가장 먼저 해야 할 일은 무슬림 지식인들 사이에 퍼진 서구 문화와 사상의 맥을 끊는 일이며, 이슬람이 고유의 도의와 문화, 정치 체제와 경제 체제, 철학과 교육 체제를 가지고 있으며, 그것들은 서구 문명이 제시하는 것보다도 훨씬 더 훌륭한 것이라는 사실을 무슬림 지식인들에게 알리는 것이다."[113]

마우두디는 이슬람을 정화하기 위하여 힌두교도들과의 모든 문화적, 사회적, 정치적 연계를 끊기를 요구했다. 특히 그는 사회주의와 자본주의라는 서구의 이데올로기에 대항하였다.

마우두디는 인도국민회의파와 인도무슬림연맹 양측 모두에게 비판적이었다. 그는 두 집단 모두 세속적이라고 보았으며 이들을 가리켜 이교도의 무리라고 불렀다. 인도무슬림연맹이 이슬람 신정 국가를 건설하기 위한 그 어떠한 노력도 하지 않았기 때문에 마우두디는 파키스탄의 미래를 개탄하면서 '무슬림들이 사는 신앙심 없는 국가'가 될 것이라고 했다. 이러한 배경에서 마우두디는 1941년에 이슬람 원리주의 정당인 자마아트-이-이슬라미(Jamaat-i Islami)를 창설했다. 1947년의 인도 분할 이후 자마이트-이-이슬라미는 인도계 정당과 파키스탄계 정당으로 나뉘었다. 마우두디는 385명의 당원들과 함께 파키스탄계 정당을 선택했다. 그의 최종 목적은 '알라의 정부(후쿠마티 일라히야 hukumat-i ilahiyya) 혹은 주권이 국민이 아니라 알라께 있는 진정한 이슬람 신정 국가를 건설하는데 있었다.

> "그는 경제적인 불평등, 사회적 부정의와 같은 사회경제적인 문제들에 대하여 신경을 쓰지 않았다. 그에겐 이러한 문제들은 진정한 관심사가 아니며, 단순히 이슬람 질서의 부재 때문에 나타나는 증상이자 서구 이데올로기의 실패로 드러내는 현상일 뿐이었다. 국가와 사회가 완전히 이슬람화 된다면 이러한 문제들

9장 사이드 아불 알라 알 마우두디(Sayyid Abul-Ala al-Mawdudi, 1903-1979)와 파키스탄

은 사라질 것이다. 따라서 무슬림들은 이러한 이슈들에 관심을 가질 것이 아니라 이슬람 신정 국가를 세우고 관리하는데 집중해야 한다."고 역설했다.[114]

1992년에 이르자 파키스탄 자마아트-이-이슬라미의 당원은 7,861명, 동조자는 35만 7,229명에 달하게 되었다. 자마아트-이-이슬라미는 스스로를 '움마', 즉 고결한 무슬림 공동체라고 보았다. 그렇기 때문에 구성원들에게 당이 규정한 이슬람의 기준을 따르도록 요구했다.

새롭게 건국한 파키스탄에서 마우두디는 지속적으로 당국과 마찰을 빚었다. 이슬람 없이 파키스탄을 근대화시키고자 했던 아유브 칸(Mohanmmad Ayub Khan, 1907-1974) 장군의 군사 정권(1958-1969)과 사회주의 포퓰리즘을 옹호했던 줄피카르 알리 부토(Zulfikar Ali Butto, 1928-1979) 정부와도 격렬하게 충돌했다. 자마아트-이-이슬라미의 반부토 시위는 1977년 지아 울 하크 장군의 군사 구데타에 일조하게 되었다. 지아 울 하크는 마우두디에게 '고위 정치인의 지위', 즉 국가의 새로운 지도 세력은 그의 조언을 구해야 하며, 인쇄 매체들의 첫 페이지에 그의 말을 실어야 한다는 특별한 지위를 그에게 부여했다. 그러나 마우두디는 1979년 뉴욕 주 버팔로에서 그가 그토록 경멸하던 이교도들에게 치료를 구하다가 세상을 떠났다.

20세기 무슬림들 중에서 가장 영향력 있는 인물로 손꼽혔던 마우두디는 "서구의 지배를 극복하기 위한 방법은 민족주의나 세속주의가 아니라 이슬람의 영역 안에서 구해야 한다."고 굳게 믿었다. 이제 마우두디의 신학 사상을 살펴보자.

① 알라만이 유일한 통치자

마우두디는 알라만이 유일한 통치자라고 믿었다. 인간은 알라 이외의 통치자를 받아들이는 순간 길을 잃게 될 것이다. 샤리아는 알라가 내려주셨으며 쿠란과 수나, 그리고 하디스에서 비롯된 법만이 인류의 모든 것을 아우르는 지침이 된다. 이슬람에는 국경선이 없으므로, 알라의 법으로 지배해야 할 국가는 자연히 전 세계적이다. 사람들은 이슬람의 원칙들을 마음속에 품은 자를 지도자로 선택할 수 있지만, 그 지도자 역시 알라가 내려주신 법의 지배를 받아야만 한다. 모든 사람은 알라가 내려주신 법에 복종해야 하며, 국가의 유일무이한 기능은 이 법을 시행하는 것이다.

② 지하드

마우두디는 그의 짧은 논문 「이슬람 속의 지하드」에서 이렇게 말했다.

"사실 이슬람은 '종교'가 아니다…… 사실상 이슬람은 혁명적인 이데올로기이며, 그 목적은 전 세계의 사회 질서를 이슬람의 교리와 이상에 순응하도록 바꾸고 재건하고자 하는 것이다. '무슬림'이란 그 혁명적인 계획을 실행에 옮기기 위한 국제적인 혁명당에 다름이 아니다. 또한 '지하드'는 그 혁명적인 싸움을 가리키는 말이자, 무슬림이 이와 같은 목표를 달성하기 위해 벌이는 최고의 분투를 의미한다."[115]

그의 또 다른 주장을 인용해보자.

"이슬람은 이슬람의 이데올로기 및 계획에 반대하는 국가와 정부가 있다면 그들이 어느 지역이나 민족을 다스리고 있는지에 관계없이 모조리 파괴해야 한다. 이슬람의 목적은 그 고유의 이데올로기와 계획에 바탕을 둔 국가를 세우는 것이며…… 이를 위해 이슬람은 혁명을 초래할 수 있는 모든 힘을 동원해야 하며, 이렇게 모든 힘을 사용한다는 의미를 포괄적으로 가리키는 단어가 바로 '지하드'이다."[116]

이보다 더 명확한 논지가 있을 수 없다. 이슬람은 전 세계를 정복해야만 하며, 지하드는 이 일을 성취하기 위한 포괄적인 행동이다. 다른 모든 이데올로기와 인간의 법이 만든 체제들은 이슬람의 적이다. 마우두디는 이것들을 모두 알라가 만드신 법,

샤리아로 대체해야 한다고 주장한다.

③ 샤리아

마우두디는 샤리아가 '알라의 뜻'이라고 본다. 그렇기 때문에 모든 사람들은 샤리아에 복종해야 하며 그렇지 않으면 길을 잃고, 자힐리야에 들어가게 될 것이다. 쿠란과 예언자의 수나가 곧 최고 상소 법원이다. 이것들에 대해 의문을 제기하는 것은 곧 용서 받을 수 없는 죄를 범하는 것이다.

샤리아는 한 개인의 행동에 대한 지침일 뿐만 아니라 공동체 생활을 도모하기 위한 법이자 모든 것을 아우르는 지침을 담고 있다. 여기에 가족 관계, 사회적 경제적인 일들, 행정 시민의 권리와 의무, 사법체계, 전쟁과 평화와 국제 관계에 관한 법 등이 포함되어 있다. 샤리아는 완전한 생활 지침이자 모든 것을 아우르는 사회 질서이다. 여기에는 그 어떤 것도 더 필요하지 않고 그 어떤 것도 모자라지 않다.

또한 이슬람 국가는 샤리아를 적용하는데 있어서 정치 권력을 필수적으로 가지고 있어야 한다. 이슬람이 행하고자 하는 개혁들은 단순히 설교만으로는 실현될 수 없다. 이슬람 국가를 구성하는데 필요한 자료들은 네 가지 원천에서 찾을 수 있다. 쿠란, 예언자의 수나, 네 명의 정당한 칼리프들이 만든 합의와 이행들, 그리고 이슬람 전통의 위대한 법관들이 내린 판결이 바로 그것들이다. 마우두디는 서구의 세속 민주주의에 대해 반대 입장을 분명히 했다. 그 이유는 서구 민주주의의 철학적인 기반은 '인민의 주권'이기 때문이다.

## 3. 파키스탄 무슬림의 분류

파키스탄에서 '무슬림과 크리스천의 관계'를 연구하는 J 선교사는 그의 글 「파키스탄 이슬람 원리주의와 현황」(미간행)에서 파키스탄 무슬림을 다음과 같이 분류했다.

① 진보 개혁 이슬람(현대 교육을 받고 민주주의, 자본주의, 현대화하려는 무슬림)

파키스탄의 독립 이후 지난 76년의 파키스탄 역사는 마우두디의 '이슬람 신정 국가'와 진나 초대 대통령의 '세속 민주주의 국가' 사이의 투쟁의 역사였다. 진나는 초기부터 파키스탄을 세속 민주주의 국가로 만들려고 했다. 오늘날 이슬람을 상징하는 초록색 바탕의 파키스탄 국기의 맨 왼편에 있는 하얀색은 소수 종교인들의 권리와 자유를 보장하려는 초기 국가 이념의 표현이었다. 지금도 파키스탄은 '세속화냐' 아니면 '이슬람화냐'의 싸움이 진행되고 있다.

이런 가운데 마우두디의 제자였던 자비드 아흐마드 가미디(Javed Ahmad Ghamidi)는 진보 운동을 주도하고 있다. IIUI(International Islamic University Islamabad) 내의 후스눌 아민(Husnul Amin: Director of Iqbal International Institute for Research and Dialogue) 등과 같은 무슬림 학자들이 자유적이며 진보적으로 쿠란을 재해석하는 시도를 하고 있다. 이들은 급진적인 와하비 운동이나, 부패하고 타락한 이슬람 정부에 대해 저항한다. 이들은 탈레반 운동을 반대한다. 그들은 종교(이슬람)의 이름으로 테러하는 것을 반대한다. 지하드에 대한 정의가 우리가 보통 접하는 그런 정의와 다르다. 파키스탄 야당 지도자 아이차즈 아흐산(Aitzaz Ahsan)이 2017년 12월 12일에 "나는 유대인을 반대하지 않는다. 나는 유대주의를 반대할 뿐이다. 나는 힌두교도를 반대하지 않는다. 나는 힌두주의를 반대할 뿐이다. 나는 이슬람을 반대하지 않는다. 나는 이슬람 원리주의를 반대할 뿐이다.("I am not against Jews, but I am against Zionism. I am not against Hindus, but against Hindutva. I am not against Islam but pan-Islamism")라고 발표한 것은 이러한 현상을 잘 대변하는 것이다.

② 보수 전통 이슬람(이슬람식 교육을 받은 전통 무슬림)

진보적이고 개혁적인 이슬람을 꿈꾸던 진나 국부의 이상은 지아 울 하끄 대통령으로 말미암아 물거품이 되었다. 이제 파키스탄의 보수 전통 이슬람조차도 그 지향점이 이슬람 원리주의로 기울게 되었다. 그 결과 서양식 교육 기관은 퇴조되었고, 후에 탈레반의 산실이 될 마드라사(Madrasa: 이슬람 종교 학교)가 급증하게 되었다. 1947년대에 137개였던 마드라사(Madrasa)가 2002년에 9,880개, 2005년에 12,654개가 되었다.

③ 이슬람 원리주의(주로 문맹률이 높은 편이며 근본주의 무슬림)

이슬람화 운동에 힘입어 다양한 이슬람 원리주의 그룹들이 성장하였다.[117] 파키스탄 정부는 이들 그룹들의 행동을 주시하고 저지하는 노력을 하고 있다. 그러나 이들은 비밀스럽게 불규칙적으로 게릴라전이나, 자폭 테러를 수행하고 있기에 정부가 이들의 테러와 폭력을 예방하거나 근절하기에는 한계가 있다.

④ 민속 이슬람(Barelvi를 중심으로 하는 민중 무슬림)

지난 여러 세기 동안 인도 반도에 이슬람 수피즘이 매우 큰 영향력을 끼쳤다. 이런 이유로 민속 무슬림(Folk Islam)이 인구의 약 70%를 차지한다. 바렐비 전통(the Barelvi tradition)을 가진 무슬림들을 '신당과 모스크의 사람들'이라고 불리는데, 그 이유는 그들이 목요일에 성자의 무덤을 찾아가서 경배하고 금요일에 모스크에 가서 기도하기 때문이다. 이렇게 상반된 행위로 이슬람을 믿고 있지만 이들은 이런 행위에 대해 모순을 느끼지 않는다. 이슬람의 신비주의를 따르는 이들은 시와 노래와 춤을 좋아

한다. 무슬림 성자의 무덤을 방문하여 복을 빌고, 악령이나 악한 눈(Evil Eyes)으로부터 보호받길 갈망한다. 이런 행위는 정통 이슬람이 금지하는 것들이다.

## 5. 파키스탄의 현재 상황

파키스탄은 1947년 태생부터 복잡한 과정을 거쳤다. 현재는 진보 개혁 이슬람, 보수 전통 이슬람, 이슬람 원리주의, 민중 이슬람 등으로 다양하게 무슬림 사회를 구성하고 있다. 파키스탄이 다양한 종교, 종파가 서로 평화를 누리며 공존하는 사회를 만들어갔으면 한다. 특히 무슬림이 다수인 사회에서 기독교인을 비롯한 소수 종교인들의 입장을 헤아려 공존과 평화의 공동체가 되길 소망한다. 1947년에 영국으로부터 정치적으로 독립하고, 인도로부터 종교적으로 분리된 이후 아직도 대부분의 파키스탄인은 자신의 정체성을 찾지 못하고 있는 듯하다. 오늘도 그들은 이슬람 원리주의, 소수 종교인들과의 관계, 민주주의, 자유주의, 현대화와의 공존 등의 숙제를 안고 무슬림으로서의 자기 정체성을 실험하고 있다. 그래서 파키스탄을 '실험적 이슬람 국가'로 보는 J 선교사의 의견에 기대 섞인 동의를 해본다.

10장

# 탈레반과 아프가니스탄

한국 그리스도인들은 2007년에 일어난 탈레반의 한국인 납치 사건을 잊지 못할 것이다. 세상은 이 사건으로 빗발치듯이 한국 교회를 비난했고, 한국 교회는 졸지에 대역 죄인이 된 듯 고개를 들지 못했다. 한국 교회는 납치된 형제자매들의 구명을 위해 40일 동안 밤낮을 가리지 않고 기도했다. 필자는 이슬람 원리주의의 관점에서 아프가니스탄의 비극적 현실을 조명해보려고 한다. 이 글은 아프가니스탄 사태의 역사적 배경, 탈레반 출현, 압둘라 아잠(Abdullah Yusuf Azzam, 1941-1989)의 신학 사상, 탈레반의 정권 재탈환과 현재 아프가니스탄의 상황을 다룬다.

아직 우리의 기억에 생생한 '탈레반 한국인 납치 사건'을 되돌아보며 아프가니스탄에 대한 이야기를 풀어보자. 탈레반 한국인 납치 사건은 2007년 7월 19일(현지 시각) 아프가니스탄 카불에서 칸다하르로 향하던 23명(남자 7명, 여자 16명)의 대한민국

국민이 탈레반 무장 세력에 납치되었던 사건이다. 탈레반은 피랍된 23명 중 심성민 씨와 배형규 목사를 살해했다. 그러나 대한민국 정부와 탈레반의 협상 결과 다른 한국인 인질 21명은 8월 31일까지 단계적으로 풀려나 피랍 사태는 발생 42일만에 종료되었다. 9월 2일 생존한 피랍자 19명이 대한민국으로 돌아왔다. 이 사건으로 해외 위험 지역에서 선교하던 개신교는 세상으로부터 실란한 비난을 받게 되었다.

양경규는 그의 책에서 '탈레반 한국인 납치 사건'을 이렇게 평가했다.[118]

"아프가니스탄과 이라크에서 일어났던 한국인 납치 사건은 비극적인 일이지만, 우리가 다른 종교와 민족에 대해 얼마나 알지 못했는지를 돌아보게 한다. 다른 문화에 대한 이해의 부족, 달리 말해 타자에 대한 몰이해는 어쩌면 물리적인 폭력과 다르지 않다."

이 주장을 한마디로 말하면, 한국 기독교인이 이슬람 원리주의자들에게 납치되고 살해된 것은 한국 기독교인들의 그들에 대한 무지와 몰이해 때문이라는 것이다. 필자는 이 주장에 대하여 불편함을 느낀다. 아무도 대동강 변에서 참수당한 토마스 (Robert Jermain Thomas 1839-1866) 선교사를 조선에 대한 무지 때문이라고 말하지 않는다. 아무도 에콰도르 아우카 족에 살해당한 선교사 짐 엘리엇(Philip James Elliot, 1927-1956)과 그의 동료들을 아우카 족에 대한 몰이해 때문이라고 말하지 않는다. 이런 점에서 양경규의 비판이야말로 기독교 선교에 대한 몰이해이고, 편견이라고 생각한다.

## 1. 아프가니스탄 사태의 역사적 배경

아프가니스탄을 이해하려면 먼저 '듀랜드 라인'(Durand Line)에 대한 이해가 필요하다. 듀랜드 라인은 약 2,640km에 이르는 파키스탄과 아프가니스탄의 국경선이다. 1893년에 영국령 인도의 외무장관이었던 모티모 듀랜드(Mortimor Durand)와 아프가니스탄의 꼭두각시 군주 압둘 라흐만 칸(Abdur Rahman Khan)이 체결한 협정에 따라 인도와 아프가니스탄 사이에 확정된 국경선이다. 그 국경선을 듀란드의 이름을 따서 '듀랜드 라인'이라고 부른다. 대영 제국 세력 확장을 나타낸 이 국경선은 오늘날 아프가니스탄 인구의 절반 이상을 차지하는 파슈툰 족(아프간 족)이 대대로 살아오던 물탄(Multan), 미안왈리(Mianwali), 바하왈푸르(Bahawalpur), 데라 가지 칸(Dera Ghazi Khan)을 영국령 인도에 포함시키게 되었다. 이때 내어준 영토가 현재 파키스탄 영토의 절반에 가깝다. 이 지역들은 18세기 아프가니스탄을 지배한 두라니 제국(Durrani Empire)의 영토이기도 했다.

1947년 인도로부터 독립한 파키스탄은 듀란드 라인 협정을 계승했다. 반면 1949년 아프가니스탄의 로야 지르가(Loya jirga; 최고 부족 지도자 회의)는 파키스탄이 독립하고, 국경 협정을 체결하였던 영국령 인도의 실체가 소멸되었으므로 듀란드 라인은 무효라고 선언하였다. 국제법상 새로운 주권 국가는 독립 전의 영토를 상속한다는 점에서 파키스탄은 아프가니스탄의 선언을 인정하지 않고 있다. 그러나 파키스탄은 현실적으로 공권력이 미치지 못하는 아프가니스탄과의 접경 지역을 연방부족자치지역(Federally Administered Tribal Areas: FATA)으로 특정하고, 파슈툰 족의 자치권을 허용하였다. 이에 따라 파슈툰 족 거주 지역은 파키스탄 중앙정부의 법적 규제 대상에서 제외되었다.

2001년 9월 11일, '9.11 테러 사건'이 발생한 직후, 아프가니스탄의 탈레반 정권이 미국, 영국 연합군의 공격으로 붕괴되자 그들은 파키스탄의 연방부족자치지역으로 거점을 옮겼다. 이후 파키스탄의 아프가니스탄 접경 지역은 탈레반과 알 카에다 등 이슬람 원리주의자들의 피난처이자 세력을 확장하는 기지 역할을 하게 되었다. 또한 연방부족자치지역과 파키스탄 최북단 북서변경주(North-West Frontier Province: NWFP)의 다수를 점하는 파슈툰 족은 파키스탄의 다수 민족인 펀자브 족의 중앙 통치에 반발하며 아프가니스탄의 파슈툰 족과 함께 파슈툰 족 국가 건설을 열망하고 있다. 따라서 이 지역은 세계적으로 분쟁의 소지가 가장 많은 곳 중의 하나로 꼽힌다.

## 2. 탈레반 형성 과정

아프가니스탄의 현 상황을 이해하기 위해서는 탈레반의 형성 과정을 살펴볼 필요가 있다. 아프가니스탄은 소련의 인도양으로 향하는 진출로에 걸쳐져 있다. 소련은 인도양으로 나가는 통로를 확보하기 위하여 아프가니스탄을 군사적으로 지원했다. 아프가니스탄 군부는 1978년 쿠데타를 일으켜 공산 정권 수립에 성공했다.[119] 그러나 아프가니스탄 공산 정권은 당시 아프간 주민의 대다수였던 이슬람 수니파의 반감을 사게 되었다.[120] 이에 수니 무슬림 부족을 중심으로 소련의 공산 정권에 저항하는 내전이 시작되었다. 1979년 3월. 아프가니스탄 정부 주력군 17사단이 이탈하여 반군이 되었고, 17사단에 와 있던 소련 군사고문단, 간호사, 군인 가족, 등 500여 명이 반군들에게 학살되는 사건이 발생했다. 소련은 이에 보복하고자 같은 해 12월 25일에 아프가니스탄을 전면 침공했다.

파키스탄으로서는 소련의 아프가니스탄 침공은 결국 자국

의 부동항인 과다르 항(Gwadar) 점령으로 이어질 것으로 예상했다. 결국 파키스탄은 주변 수니 무슬림 국가들과 함께 소련 타도를 외치며 지하드를 선언하게 되었다. 군사를 동원할 명분이 없었던 미국은 CIA를 통하여 파키스탄 정보부(Inter-Services Intelligence)를 지원했다. 파키스탄 정보부는 듀랜드 라인 남쪽 지역의 파키스탄에 거주하는 파슈툰 족 무슬림 신학생들에게 무기를 주어 소련에 대항할 것을 독려했다.[121] 이 학생들이 파슈툰어로 '탈립'이고('반'은 복수), 그들이 '탈레반'을 형성하게 되었다. 탈레반 중 전사들을 '무자헤딘'으로 불렀다.[122] 탈레반은 비밀리에 미국의 화력과 정보를 지원받아 전쟁을 하였고, 결국 소련은 10년간의 아프가니스탄 전쟁에 62만 명을 투입해서 약 1만 5천 명의 전사자를 내고 퇴각했다.[123]

1990년 아프가니스탄에선 통치권 공백 속에서 군벌들이 정권을 쟁취하려고 내전을 벌였다. 이 같은 혼란 속에 탈레반은 전국을 빠른 속도로 장악했다. 이른바 마약 군벌들을 내치고 1997년에는 아프가니스탄의 정권을 장악했다. 그 후 2001년까지 아프가니스탄은 중동의 모든 이슬람 원리주의 세력들에게 열린 공간이 되었고, 그들 중에는 알 카에다도 포함되어 있었다. 알 카에다는 2001년 9월 11일 미국을 공격했다.[124] 미국은 아프가니스탄의 탈레반 정부에게 '9.11테러'의 배후인 오사마 빈 라덴을 내놓으라고 했으나 그들은 듣지 않았다. 미국은 9.11

테러 이후 영국, 캐나다, 등 다른 국가들의 도움을 받아 군사 작전을 감행했고 탈레반을 권력에서 축출했다. 미군은 20년 동안 반테러 목적으로 아프가니스탄에 주둔하였으나 결국 패전의 불명예를 안고 철수하였다.[125]

## 3. 압둘라 아잠(Abdullah Yusuf Azzam, 1941-1989)의 '무슬림 영토의 방어'

탈레반의 사상적 후견인으로 압둘라 유수프 아잠이 있다. 1979년 이래, 아잠은 소련에게 침공 당한 당시 아프가니스탄 내 지하디스트 운동들에 막대한 영향을 미쳤다. 아잠은 쿠란과 이슬람법학 분야의 지식을 활용해 선전 활동을 펼치며, 동요하던 무슬림들이 알라를 위한 싸움에 뛰어들도록 선동했다.

아잠은 요르단강 서안의 자닌 지구 내 실라트 알 하리시야인 마을에서 태어났다. 툴카룸에 위치한 농경 대학인 카두리 대학교에서 학위를 딴 그는 잠시 교편을 잡았다. 이후 1963년부터 시리아의 다마스커스 대학교 샤리아 학부에서 이슬람학 연구를 시작했다. 그는 1950년대부터 이미 무슬림 형제단에 영향을 받고 거기에 가입한 상태였다. 아잠은 하산 알 반나의 글과 정치적 활동에 큰 영향을 받았다. 아잠은 1966년 샤리아, 이슬람법에 대한 학사 학위를 취득했다. 이어 그는 카이로의 알 아즈하르 대학교에서 샤리아학으로 석사 학위를, 1973년 이슬람 법학의 원칙들에 대한 연구로 박사 학위를 취득했다. 그의 학력 사항은 매우 중요한 의미를 갖는데 지하디스트들이 이슬람에 대하여, 이슬람법과 이슬람 신학에 대하여 무지하다고 주장하는 이들에게 좋은 논박거리를 제공하기 때문이다. 아잠은 사우디아라비아로 건너가 킹 압둘 아지즈 대학교에서 강연을 시작했다. 그는 1979년 추방당할 때까지 계속해서 이 대학에 몸담았으며, 재직 기간 중에 오사마 빈 라덴을 만났다.

바야흐로 1979년, 바깥세상에서는 그의 운명을 결정할 사건들이 일어나고 있었다. 이란에서는 이란 혁명이 성공하여, 아야톨라 호메이니가 이슬람 신정 국가를 수립했다. 비록 시아파의 혁명이긴 했지만 모든 이슬람 원리주의 운동에 지대한 영향을 미쳤던 사건이었다. 또한 소련은 아프가니스탄을 침공했다. 이 일은 근대 지하디스트 운동의 시선을 전 세계적으로 돌리는 사건이었다.

아잠은 파키스탄으로 건너가 교편을 잡았지만, 이후로는 소련과 싸우면서 지하드에 대한 철학을 가르치고 발전시키는데 전념했다. 1979년과 1984년 사이에 그의 가장 유명한 글 「무슬림 영토의 방어」를 펴냈다. 아잠의 사상을 정리해보자.

① 순교

아잠은 '순교는 알라를 위하여 싸우는 무슬림이 받을 수 있는 가장 드높은 영광이라.'고 다음과 같이 설명한다.

> "역사는 피 없이는 한 줄도 쓰이지 않는다. 영광은 해골 없이는 그 드높은 탑을 세울 수 없다. 명예와 존경은 불구자들과 시체들을 기반으로 하지 않고서는 받을 수 없다…… 피와 희생과 부상자들 없이, 순수하고 무고한 영혼들의 손실 없이, 현실을 바꾸거나 사회를 바꿀 수 있다고 생각하는 자들이 있다면 그들은 딘(din, 종교 즉 이슬람)의 본질을 이해하지 못한 이들이며, 예언자들(그에게 축복과 평화 있으라!)이 최고로 여긴 방법을 알지 못하는 이들이다."[126]

② 학자의 잉크와 순교자의 피

아잠은 순교자의 피만큼 학자의 잉크 또한 필수적임을 강조했다. 그의 주장을 보자.[127]

> "……무슬림 움마(공동체)의 생명은 학자의 잉크와 순교자의 피에 오롯이 의존하고 있다. 학자의 잉크와 순교자의 피로 쓰인 움마의 역사보다 더 아름다운 것은 없다. 이슬람 역사의 지도는 두 색의 선으로 칠해진다. 한 선은 검은 선으로, 학자들이 그들의 잉크로 쓴 것이다. 다른 한 선은 붉은 선으로, 순교자들이 그

들의 피로 쓴 것이다. 그러나 이보다 더 아름다운 것이 있다면 피가 하나요 펜이 하나인 상태, 즉 잉크로 쓰고, 피로 쓰는 손이 같을 때이다. 순교 당한 학자들의 수가 늘어갈수록, 깊은 어둠에서 구출되며 쇠락에서 벗어나고 잠에서 깨어난 국가들의 수도 늘어난다."

③ 지하드

아잠은 지하드를 행해야 하는 열여섯 가지 이유를 나열한다.[128]

1. 비신자들이 지배하지 못하도록
2. 인류의 희소성 때문에
3. 지옥 불에 대한 두려움 때문에
4. 지하드의 의무를 다하고, 알라의 부름에 응답하기 위하여
5. 독실한 선조들의 발자취를 따라
6. 이슬람의 기초가 될 굳건한 바탕을 닦기 위하여
7. 이 땅에서 탄압당하는 이들을 보호하기 위하여
8. 순교를 희망하며
9. 움마를 위한 방어로서, 또 그들에게서 불명예를 벗겨내기 위하여
10. 움마의 긍지를 보호하고, 적들의 음모를 격퇴하기 위하여
11. 지구를 보존하고, 부패로부터 보호하기 위하여

12. 이슬람이 숭배되는 장소들을 보호하기 위하여

13. 형벌과 변형으로부터 움마를 보호하기 위하여

14. 움마의 번영, 그리고 그 자원의 흘러넘침을 위하여

15. 지하드는 이슬람의 최고점이기 때문에

16. 지하드는 숭배의 가장 훌륭한 형태이며, 무슬림은 이를 수단으로 삼아 가장 높은 계급에 오를 수 있기 때문에

④ 무슬림 영토의 방어

아잠은 아프가니스탄에서 불신자들로부터 이슬람의 영토를 수호하는 일을 가장 시급한 문제라고 여겼다. 그는 이슬람의 영토 수호는 칼리프 제도의 도입으로 이어져야만 하며, 마지막에는 샤리아에 의해서만 지배되는 움마를 세움으로써 완성된다고 주장한다. 그때 비로소 무슬림들은 식민주의자들과 인간이 만든 법에서부터 자유로울 수 있으며, 이슬람 또한 과거의 영광과 긍지를 되찾을 수 있을 것이다. 아잠은 1989년 차량 폭탄으로 암살당했는데, 그 범인이 누구였는지 아직까지도 밝혀지지 않았다.

## 4. 미군 철수와 탈레반 정권 재탈환

아프가니스탄에서 미군 철수 계획이 발표되자 탈레반은 공세를 가속화하였다. 수도 카불은 무너졌고, 대통령은 국외로 탈출하였다. 군대는 무기를 버리고 투항했다. 아프가니스탄 내무부는 탈레반에게 정권을 이양하겠다고 발표했다(2021. 8. 15.) 탈레반은 20년 만에 아프가니스탄의 정권을 탈환하게 되었다. 어떻게 나라가 순식간에 이렇게 될 수 있단 말인가?

뉴욕타임지 칼럼니스트 토마스 프리드만(Thomas Friedman)은 아프간 패망의 원인을 이렇게 분석했다. "아프가니스탄 군대는 싸울 줄 안다. 그들은 영국, 소련, 미국과 오랫동안 싸운 경험이 있다. 아프가니스탄 군대에게 싸우는 법을 가르쳐야 한다고 말하는 것은 태평양 섬의 어민들에게 고기 잡는 법을 가르쳐야 한다고 주장하는 것과 같이 어리석다. 단지 아프가니스탄 군대는 나라를 위하여 싸울 의지가 없다는 것이다. 반면 탈레반은 외국인으로부터 독립하겠다는 정신과 종교, 문화, 법률 및 정치의 기초가 되는 이슬람 원리주의 보전을 위해 기꺼이 한 목숨을 내놓겠다는 것이다. 이것이 다를 뿐이다."

## 5. 탈레반의 정권 재탈환 후의 현재 상황

탈레반이 정권을 재탈환한 후 아프가니스탄의 현재 상황을 알아보자.

① 테러 조직의 온상이 된 아프간

2021년 8월 15일 아프간 정부를 장악한 탈레반은 국가 발전을 위한 성명서를 발표하였다. 내용은 안전을 보장할 것이니 나라를 떠나지 말고 평범한 일상으로 돌아가라는 것이었다. 13개의 항목 중 2개는 무자헤딘이 경솔하게 시민들을 위협하거나 재물에 손대지 말라는 내용도 포함되었다. 이는 탈레반 정부가 무자헤딘을 완벽하게 통제하지 못하고 있으며, 이슬람 국가(IS)의 아프간 지부를 자처하는 '이슬람 국가 호라산'(IS-K)이 활동하고 있다는 반증이기도 하다. 미군이 철수할 때 자국인, 미군 등 180여 명의 생명을 앗아간 카불공항 연쇄 폭탄 테러 사건(2021.8.26.)이 일어났다. 이 테러가 바로 '이슬람 국가 호라산'의 소행이었다. '이슬람 국가 호라산'은 아프간 동부 파키스탄 접경 지역 낭가하르(Nangarhar) 지방에 근거지를 두고 활동하는 것으로 알려졌다. 그들은 아프간에서 활동하는 테러 단체 중 가장 극단적이고 폭력적인 단체로 악명이 높다. 이들은 탈레반을 미국과 평화 협상에 나섰다는 이유로 '배교자'로 칭하고, 서로 적대 관계가 된 것으로 알려졌다. 이들은 탈레반이 카불을 점령했을 때도 다른 이슬람 테러 조직인 알 카에다가 축하 메시지를 보낸 것과 달리 "미국과의 거래로 지하드 무장 세력을 배신했다"며 탈레반을 비난했다.

② 미군 철수에 따른 서남아시아의 힘의 공백

탈레반이 든 총은 앞으로 중국과 파키스탄을 겨눌 것으로 보인다. 위에서 언급하였듯이 파키스탄 영토의 절반이 과거에 아프가니스탄의 영토였다. 그만큼 탈레반 정부가 파키스탄을 공격할 명분을 가지고 있다. 같은 수니파인 이슬람 위구르 족을 탄압하는 중국에 대해서도 마찬가지의 명분을 갖는다. 총구는 파키스탄과 중국을 향하겠지만 방아쇠를 당길지는 예측할 수 없다. 왜냐하면 파키스탄과 중국은 역내 안전을 명분으로 탈레반 정부를 적극 지원할 것이기 때문이다. 국제 사회가 이슬람 원리주의에 깊이 빠진 탈레반을 어떻게 대해야 할 것인가? 총을 겨누고 평화를 외치는 그들의 구호를 믿고, 그들과 포옹을 해야 할지, 아니면 다시 총을 들어야 할지 누구도 대답하기 어려운 형국이다.

③ 완전히 사라진 여성 인권

재집권에 성공한 탈레반은 "옛날의 통치와 달라지겠다. 여성도 탈레반 정부에 합류하라"고 했다. 그 말을 하는 사이 거리에선 부르카를 입지 않은 여성이 총에 맞아 죽었다. 부르카 품귀 현상이 빚어지고 값이 치솟았다. 휴대폰으로 전 세계가 소통하는 시대에 이런 일이 벌어졌다. 탈레반이 점령한 아프가니스탄의 여성 권리는 완전히 사라졌다. 12세 이상 여성의 중·고등 교육 기회가 박탈됐다. 여성은 남성 보호자 없이는 45마일(72㎞) 이상을 이동할 수 없고, 외출 때 몸과 얼굴을 모두 가려야 한다. 여자들은 여자 화장실 청소 같은 제한적 직업에만 종사할 수 있다.

④ 기근에 허덕이는 아프간

국민일보(2022. 8.15)는 '마른 빵조차 없어요.'라는 제목하에 기근에 허덕이는 아프가니스탄의 경제적인 상황을 보도했다. 신문 보도에 따르면, "아프간 인구의 90% 이상이 거의 1년 동안 식량 불안정의 위기를 겪었다"며 "수백만 명의 어린이가 급성 영양실조로 고통을 받고 있고, 심각한 건강 문제로 위협을 받고 있다"고 지적했다. 아프간 인구의 절반 이상인 2,000만 명이 세계식량계획(WFP) 평가 기준 3단계 '위기' 또는 4단계 '비상' 수준의 식량 위기를 겪고 있다. 5세 미만 어린이 100만 명 이상은 장기간 급성 영양실조에 시달리고 있다. WFP는 2022년 6월 고르 지역 수만 명의 사람이 기근의 전조인 5단계 '치명적' 식량 불안정에 빠졌다고 보고했다.

아프가니스탄 사태와 관련하여 한국 사회에 논란이 되는 문제들을 지적하면서 글을 맺고자 한다.

① 아프가니스탄의 미군 철수와 주한 미군 철수 문제

미군의 아프가니스탄 철수는 우리의 기억 속에서 미국의 베트남 전쟁에서의 패전을 불러냈다. 미군이 월남을 철수하자마자 월남은 패망하고 말았다. 대통령은 국외로 탈출하였다. 군대는 무기를 버리고 투항했다. 자연 우리의 뇌리에 주한 미군 철수 문제가 연계되었다. 주한 미군이 철수하면 대한민국의 운명은 어떻게 될 것인가? 우리의 정치 지도자들은 목숨을 걸고 대한민국을 지킬 것인가 아니면 국외로 탈출할 것인가? 우리의 군대는 적의 총탄에 맞서 대한민국을 지킬 것인가 아니면 무기를 버리고 투항할 것인가?

이 점에 대하여 터어키 선교사로 사역하였던 K선교사는 아프가니스탄 상황과 우리의 상황은 다르다고 다음과 같이 지적했다.

"첫째, 민족의 구성이다. 단일 민족인 우리나라와는 달리 아프가니스탄은 탈레반이 속한 파슈툰 족, 그 뒤를 이어 타직(Tadzhik), 하자르(Khazar), 우즈벡(Uzbekistan) 족, 그 외에도 수십 민족이 다양하게 섞여서 살아가고 있는 다민족 국가이다. 따라서 아프가니스탄은 다민족의 이해관계가 상충되어 분쟁과 갈등이 끊임없이 일어나는 땅이 되었다.

둘째, 국가적 위기에 직면했을 때 우리 민족은 개인을 희생하고 나라를 살리는 일에 분연히 일어섰다. 일제하의 조선물산 장려 운동, IMF 금융위기 때 금 모으기 운동 등은 그 예에 불과하다. 자기 살길을 찾아 재산을 모아 국외로 탈출하는 아프가니스탄 인과는 근본적으로 다르다."

② '특별 기여자'인 아프가니스탄인 국내 이주

한국은 아프가니스탄 정부가 붕괴 될 때 한국에 기여한 '특별 기여자' 아프가니스탄 인을 '미라클'이란 작전명으로 군 수송기를 동원하여 철수시켰다(2021. 8. 23.). 이들을 어떻게 맞이할까? 한국세계선교협의회(KWMA)는 "위험한 여정을 거쳐 낯선 한국 땅에 온 그들에게 그리스도의 섬김과 사랑을 실천해야 한다."는 내용의 성명서 발표와 함께 한국 교회의 실천 방안을 제시했다. 먼저 특별 기여자의 입국을 환영하는 동시에 충북 진천 지역 교회를 중심으로 구성된 '아프간 협력자 진천 대책위원회'가 지역 주민들과 함께 섬김의 역할을 감당할 수 있도록 지원해 달라고 주문했다. 현재 아프간 특별 기여자 80여 가정, 390명은 진천의 공무원인재개발원에 머물고 있다. 2주간 격리 후 6주간 머물며 정착 교육을 받는다. KWMA는 8주 후 이들이 한국 사회에 정착하도록 한국 교회와 함께 도움을 줄 계획이다. 지원 방법은 한국 사회 정착을 위한 한국어·한국 문화 교육, 직업 훈련과 자녀들의 학교 등 교육 현장 연결, 심리 치료 등이다.

10여 년 전 아프가니스탄에서 사역했던 J선교사는 이런 주장을 한다.

> "외국으로 이민 가는 사람의 직업은 공항에 마중 나온 사람의 직업을 따른다는 농담이 있다. 그만큼 처음 만나는 사람의 영향력이 크다는 것이다. 집과 고향을 떠나 타국에서 춥고 배고플 때, 제일 먼저 만나는 사람이 따뜻한 차와 빵을 들고 있는 한국 교회 성도들이 되기를 꿈꿔본다."

아프가니스탄의 현재 상황을 모두 이슬람 원리주의의 책임으로만 돌릴 수 없을 것이다. 부족, 종파 간의 이해득실이 뒤엉켜 현재의 아프가니스탄 비극을 빚었기 때문이다. 그러나 우리는 아프가니스탄에서 이슬람 원리주의의 이상과 현실 사이에 난 너무나 큰 괴리를 본다. 그런 의미에서 아프가니스탄의 비극적인 현실에 대한 책임을 이슬람 원리주의가 회피할 수 없을 것이다. 역사는 이 문제에 대한 책임을 이슬람 원리주의에게 준엄하게 물을 것이다.

## 11장

# 오사마 빈 라덴(Usama bin Ladin)과 알 카에다(al-Qaeda)

    2001년 9.11 테러가 일어난 다음날, 9월 12일! 필자는 오사마 빈 라덴(Usama bin Ladin, 1957-2011)의 초상화를 들고, '엄지척'을 하면서 승리감에 도취된 카이로 대학생들의 시내 행진을 잊을 수가 없다. 그들은 외쳤다. "오사마 빈 라덴은 이슬람의 희망!" "세계에 두 개의 슈퍼 파워가 있는데 하나는 미국이고, 또 다른 하나는 오사마 빈 라덴이다!"라고.

    이 글의 관심은 알 카에다(al-Qaeda)가 이슬람을 과격화, 급진화했는지 아니면 이슬람의 본래 모습을 회복하려고 분투했는지를 검토하는 데에 있다. 글에서 알카에다 형성 배경, 오사마 빈 라덴과 아이만 알 자와히리(Ayman al-Zawahiri, 1951-)의 사상 그리고 9.11 이후 이슬람 테러 동향 등을 살펴보고자 한다.

### 1. 알 카에다(al-Qaeda) 형성 배경

알 카에다는 쿠툽의 사상에 영향을 받은 빈 라덴이 주도하여 창설했다. 알 카에다는 쿠툽이 주창한 반서방, 반세속주의 투쟁을 실천에 옮기는 이슬람 테러 조직이다. 쿠툽의 이념과 행동 지침은 쿠툽의 동생 무함마드 쿠툽에 의해서 빈 라덴에게 전해졌다. 형과 함께 싸우다 감옥에서 풀려난 무함마드 쿠툽은 사우디로 이주해 이슬람학 교수가 된 후, 형의 저서들을 편집하고 출간해 이슬람권에 전파하는 일을 했다. 형의 사상을 전파하던 무함마드 쿠툽이 빈 라덴의 스승이 된 것은 사우디의 킹 압둘 아지즈 대학교에서였다. 빈 라덴은 매주 무함마드 쿠툽이 시행하는 강연에 빠지지 않고 참석했다. 그와 함께 사이드 쿠툽의 저서들을 탐독하고 토론하는 모임을 갖기도 했다.

쿠툽의 사상에 직접적인 영향을 받은 빈 라덴과 자와히리가 알 카에다를 창설하게 된 배경에는 여러 가지 역사적 사건들이 존재한다.

우선 1979년은 이슬람 원리주의 활동에 전기를 마련한 해였다. 이란에서 이슬람 혁명이 성공하면서 각국의 이슬람 원리주의 운동이 크게 고무되었다. 또한 소련의 아프가니스탄 침공은 이슬람 원리주의자들에게 조직적인 훈련과 실전을 경험하는 계기를 마련해주었다. 아프가니스탄과 파키스탄에 집결한 수만 명의 이슬람 전사들은 전투 현장에서 엄격한 이슬람 교육과 강력한 군사 교육을 받았다. 전 이슬람권에서 뜻을 같이 한 젊은이들이 모이면서 이슬람 과격 세력의 국제화가 급속하게 진행되었다. 1989년 말 10년간의 악전고투 끝에 소련은 아프간에서 철수했다. 이슬람 무자히딘이 승리한 것이었다. 하지만 이들 무자히딘의 귀국을 환영하는 중동 또는 이슬람 국가는 거의 없었다. 이념적, 군사적 훈련을 받은 전사들의 귀국이 정권 유지에 위협 요소라고 판단했기 때문이었다. 적지 않은 무자히딘이 아프간과 파키스탄에 남았고, 일부는 수단, 소말리아, 예멘 등 중앙정부의 통제력이 약한 지역에 잠입했다.

이 와중에 이라크의 후세인 정권이 1990년 말 갑자기 쿠웨이트를 침공했다. 만일 이라크가 사우디까지 침공하거나 사우디의 유전 지대에 미사일이라도 쏘는 날에는 서방 세계는 경제 위기를 맞게 될 것이다. 따라서 사우디와 미국은 하루 빨리 이 문제를 해결해야만 했다. 사우디는 미군의 사우디 주둔을 요청하기에 이르렀다. 페르시아만에 미군 54만 명이 파견되었다. 이슬람의 한 복판인 사우디아라비아에 이교도의 군대, 그것도 미국 군대가 주둔한다는 것은 참으로 심각한 일이 아닐 수 없었다. 이 일은 급진적인 이슬람 원리주의자들에게 반미 투쟁의 빌미가 되었고, 이슬람 원리주의를 급진화하는 계기가 되었다. 특히 이 일은 빈 라덴과 자와히리가 손을 잡고 알 카에다를 결성하여 반서방 테러 활동을 벌이게 된 단초가 되었다.

## 2. 오사마 빈 라덴(Usama bin Ladin, 1957-2011)

이슬람 혁명에 새로운 지도자가 나타났다. 그는 쉐이크 압델 라흐만과 비슷한 이력을 지닌 사우디 백만장자이다. 그가 26세 정도였던 1984년에 아프가니스탄 접경 지역에서 건설 사업을 하던 중 그의 스승 중 하나인 아잠이 그에게 파키스탄의 무자헤딘 기지를 방문해보지 않겠느냐는 제안을 했다. 그는 그 기지를 방문한 후 지하디스트로 다시 태어나게 되었다. 그의 회고를 들어보자.[129]

> "나는 무기, 도로, 참호, 등 장비나 다른 모든 것들의 열악한 상황을 보고 충격을 받았다. 이곳에 오지 말라고 충고한 이들의 말을 들은 것이 죄악이라고 느껴져서, 알라께 용서를 구했다. 만약 내가 순교자가 되지 않는다면, 4년이나 늦은 이 지각은 용서받지 못할 것이라고 느꼈다."

빈 라덴은 이제 본격적인 활동을 시작한다. 그는 사우디로 돌아오자마자 1,000만 달러에 가까운 돈을 모금하여 아잠에게 보냈고, 이후 아랍 국가에서 자원하는 모든 지하디스트를 자신이 책임지겠다는 결심을 하게 되었다. 건설업으로 막대한 부를 쌓아올린 집안 출신인 빈 라덴은 아프간 무자히딘의 자금과 물자를 조달하는 임무를 맡았다. 그는 모금 운동, 아프가니스탄 참전지원자 모집 단체 결성, 모든 아랍 지원자에 대한 급여 지원 등의 활동을 시작했고, 이내 그는 아프가니스탄의 지하드를 지원하는 가장 영향력 있는 인물이 되었다. 사우디 왕가를 비롯한 부유층들도 점차 빈 라덴을 아랍의 지하디스트를 총괄하는 인물로 인정하게 되었다. 당시 소련에 저항하던 무자히딘은 사우디의 재정 지원을 받았고, CIA와 미군 정보부의 교관이 주도하는 군사 훈련을 받았다. 아이러니컬하게도 빈 라덴은 사우디, 미국과 아프간 현지와의 중간자 역할을 담당했던 것이다.

이후 그는 정부의 탄압 때문에 고향을 떠나 잠시 수단에서 머물렀다. 1996년에 그는 아이만 알 자와히리를 비롯한 이집트 알 지하드의 행동대원들과 힘을 합쳐 알 카에다를 만들기 위해 아프가니스탄으로 갔다. 알 카에다는 체첸, 카슈미르, 우즈베키스탄, 파키스탄, 케냐 등 비(非)아랍권 회원들도 참여한 국제적인 조직이었다. 사람들은 다르지만 목표는 여전히 동일했다. 목표는 미국을 비롯한 서방과 이스라엘에 대하여 지하드를 수행하는 일이었다. 이스라엘은 유대주의를 상징한다는 이유로, 미국은 기독교를 상징한다는 이유로, 응징의 대상이 되었다.

오사마 빈 라덴은 글로벌 지하드의 가장 큰 벽은 미국임을 인식했고, 이 거대한 벽을 넘지 않는 한 이슬람 세계는 여전히 제국주의의 먹이가 될 수밖에 없다는 사실 또한 확인했다. 빈 라덴은 미국과 서방을 향한 구체적인 공격, 즉 알 카에다를 통한 전면적인 테러 공격을 구상하기 시작했다. 마침내 알 카에다는 미국을 상대로 최초의 지하드, 테러를 벌이게 되었다. 그것이 바로 1992년 12월에 있었던 예멘의 아덴 폭탄 테러였다. 무고한 외국인 관광객 2명이 사망하는 정도의 사건이었지만, 어쨌든 알 카에다가 본격적으로 활동을 시작한다는 신호탄이었다.

1999년 11월에 지하드를 위해 목숨을 바치겠다는 결의에 찬 일단의 청년들이 토라보라[130]에 나타났다. 그들은 네 명의 함부르크 유학생인 모하메드 아타, 람지 빈 알 시브, 마르완 알 셰히, 지하드 자라였다. 이들은 모두 아랍의 유복한 가정에서 태어나 독일에서 유학한 학생들로, 아프가니스탄 내전과 연이어 발생하는 서방 세계에 대한 테러를 보면서 지하드를 위해 자신을 바치기로 한 사람들이었다.[131] 빈 라덴은 미국과 서방을 향한 구체적인 공격, 즉 알 카에다를 통한 전면적인 테러 공격을 구상하기 시작했다. 2001년 9월 11일 오전 8시 46분 40초에 항공기 한 대가 뉴욕의 월드트레이드센터 북쪽 빌딩에 충돌했다. 이어 20분 후 또 한 대의 항공기가 남쪽 빌딩에 충돌했다. 충격이 가시기도 전인 9시 37분에 또 한 대의 항공기가 버어지니아주

알링턴에 있는 미 국방부 본부인 펜타곤의 서쪽 면에 충돌하였다. 이렇게 9.11 테러는 벌어졌다. 이 테러로 총 2,996명이 사망하였고, 6,000명 이상이 부상당했다. 유사 이래 이런 테러는 없었다. 전 세계 언론들은 서방 세계의 국가 안보, 특히 미국의 국가 안보를 뒤흔들었다고 보도했다. 이슬람이 공포로 세상을 지배하겠다는 계획은 쉐이크 압델 라흐만이 시작했으며, 빈 라덴이 그 뒤를 이었다.

2001년 9.11 테러 이후 미국의 대응은 지나칠 정도로 군사적 조치에 의존했다. 2001년 말, 미국은 아프간을 공격해 알 카에다 세력을 사실상 무력화시켰다. 알 카에다를 지지하던 탈레반 정권을 붕괴시키고 친미 카르자이 정부를 수립했다. 부시 대통령이 주도한 '테러와의 전쟁'은 아프간에서 끝나지 않았고, 2003년에는 테러 지원, 대량 살상 무기 생산, 핵 개발 등을 빌미로 이라크를 공격해 점령했다. 이슬람권의 입장에서 보면 아프간 점령과 이라크 침공은 미국의 과도한 대응이었다. 특히 미국이 주장한 테러 지원, 대량 살상 무기, 핵 개발의 증거가 전혀 발견되지 않은 이라크 전쟁은 이슬람 과격 세력에게 저항의 명분을 제공했다.

이처럼 아프간과 이라크 사태는 이슬람 과격 세력에게 국내 문제보다는 국제 문제에 더 많은 관심을 갖도록 자극했다. 여기에 이스라엘-팔레스타인 분쟁, 이란 핵 문제를 다루는 서방의 대중동 정책이 '이중 잣대'라는 여론이 확산되면서 중동 언론들조차도 미국을 비롯한 서방에 등을 돌렸다.

### 3. 아이만 알 자와히리(Ayman al- Zawahiri, 1951-)

아이만 알 자와히리는 2011년 5월 2일 오사마 빈 라덴의 사망 후 알 카에다를 이끌고 있는 인물이다. 알 자와히리는 1951년 이집트 카이로의 마아디 지역의 중산층 계급 출신으로 태어났으며, 양 부모님 모두 부유한 가문의 출신이었다. 이 점은 '가난이 이슬람 테러리즘의 원인이다.'라는 주장을 반박하기 위하여 반드시 기억해야만 할 사실이다. 알 자와히리는 카이로에서 의학을 공부해 1974년 학위를 취득했으며, 수년 후 외과 전공으로 상위 학위들을 취득했다. 종교적으로 활동적인 십대를 보낸 알 자와히리는 14살의 나이로 무슬림 형제단에 가입했다. 그는 1966년 쿠틉의 처형에 크게 충격을 받았다. 알 자와히리는 그의 저서 『무함마드 기치하의 기사들(Knights under the Prophet's Banner)』에서 쿠틉을 상세히 소개하면서 존경을 표했다.

알 자와히리는 지하드 외에는 다른 해결책이 있을 수 없다고 생각했다. 그의 지하드에 대한 생각을 들어보자.

"알라의 길 위에서 행하는 지하드란 그 어떤 개인이나 조직보다도 위대한 것이다. 이는 곧 진실과 거짓 간의 싸움이자, 전능하신 알라께서 세상과 백성 모두를 돌려받으시기 전까지 이어지는 싸움이다. (중략) 알라의 길 위에서 행하는 지하드 이외에 다른 개혁이란 존재하지 않는다. 지하드 없이 개혁하고자 하는 이들은 스스로 죽음과 실패의 저주를 내리고 있는 것이나 마찬가지이다."[132]

『무함마드 기치하의 기사들』에서 알 자와히리는 이 싸움에서 이기기 위한 필수 전략을 다음과 같이 요약한다.[133]

"전반적인 이슬람 운동, 특히 지하드는 다음과 같은 방법을 통하여 실행해야 한다.
· 이슬람과 맞서 싸우는 지도자들을 드러내기.
신앙에 대하여 충성을 바치고, 신앙심 없는 자들을 단념시키는 일이 이슬람 신조에서 얼마나 중요한 일인지 강조하기.
· 이슬람과 그 성소들, 민족, 그리고 조국을 수호하는 것이 모든 무슬림의 책임임을 강조하기.
· '술탄의 울라마'[134]로부터 등을 돌리는 대신 '지하드의 울라마'와 '희생의 이맘'들이 있는 세계의 미덕을 상기시키기.
· 민족이 그 미덕을 수호하고 그 명예를 드높이어야 할 필요가

있음을 상기시키기.

· 우리의 교리와 성스러움에 대하여 어떠한 공격이 가해지고, 우리의 재산이 어떻게 강탈당하는지를 보여주기."

1991년경 처음으로 배포되기 시작한 그의 저서, 『쓸쓸한 수확: 60년의 무슬림 형제단(The Bitter Harvest: The Muslim Brotherhood in Sixty Years)』에서 알 자와히리는 무슬림 형제단이 이집트의 세속 정권에 대항하여 지하드를 수행하라는 이슬람의 의무를 따르는 대신 소위 민주주의 선거에 동참하기로 결의하면서 길을 잃어버렸다고 안타까워했다. 이것은 비이슬람적인 행위이며, 배교 행위로 간주되어야 한다고 주장했다. 그가 배교 혐의라고 선고하는 이유는 다음과 같다.

"① 만일 스스로를 이슬람 국가의 지도자라고 말하는 자가 샤리아, 즉 알라가 만든 법에 따라 국가를 다스리지 않는다면, 무슬림은 반드시 그 지도자를 타도해야 하는 의무를 진다.
② 민주주의와 이슬람은 반대 기재이며 따라서 절대 공존할 수 없다. 민주주의는 인간에게 주권을 부여하며, 인간이 만든 법을 샤리아로 오롯이 드러난 알라의 법보다 상위에 두기 때문이다."[135]

알 자와히리는 『씁쓸한 수확: 60년의 무슬림 형제단』을 다음과 같은 문장으로 마무리한다.

"따라서 민주주의적 무슬림, 혹은 민주주의를 옹호하는 무슬림 따위가 되고자 하는 이들이 있다면, 이들은 스스로 유대인 무슬림이라거나, 혹은 더 끔찍하게도 기독교 무슬림이라고 자신을 소개하는 것에 다름이 아니다. 그는 신앙심이 없는 배교자일 뿐이다."[136]

"알라의 샤리아 없이 무슬림 국가들을 다스리는 오늘날의 모든 지도자들은 모두 신앙심이 없는 배교자이다. 그들을 타도하고, 그들을 상대로 지하드를 일으키며, 그들을 축출하고 그 자리에 무슬림 지도자를 앉히는 것은 우리의 의무이다. 이 지도자들이 배교자로 간주되어야 하는 근거는 다음과 같다.

· 이들은 알라의 샤리아를 버렸다.
· 이들은 샤리아를 우습게 만들었다.
· 이들은 민주주의 제도를 세웠다.

아부 알 마우두디가 그의 책 『이슬람과 근대 문명(Islam and Modern Civilization)』에서 말한 바에 따르면, 민주주의란 대중의 지배이자 인간의 신격화이다."

## 4. 9.11 테러 이후 이슬람 테러의 동향

테러리즘은 70년대 후반부터 달라졌다. 이전의 테러리스트들은 외교적인 인물이나 고위 군관계자, 정치가 등 특정 인물을 테러 대상으로 삼았다. 그러나 오늘날 테러리즘은 더 이상 특정 인물이 아닌 일반 대중에게 향하고 있다. 대중에 대한 무차별 공격은 대다수에게 위협을 가하고 공포를 확산시키는 데에 훨씬 더 효과적이다. 무차별 공격은 테러리스트들에게 더 강력한 교섭력을 가져다준다. 테러리즘이 정치적 논쟁과 대화의 한 방법이 된 것이다.

9.11 테러 이후 이슬람 과격 세력이 주도하는 새로운 테러 동향을 정리하면 다음과 같다.

① 위로부터의 조직적인 연계나 직, 간접적인 지시를 받는 세포 조직이 아니라 큰 이념의 틀을 공유한 자생적인 조직이 국지적으로 활동하고 있다.

② 요구 사항이나 조직의 이름도 밝히지 않는 '얼굴 없는 테러'(외로운 늑대)의 등장이다. 중동의 정부들조차도 테러가 발생할 때마다 모두 알 카에다의 소행이라고 치부할 정도이다.

③ 디지털 테러리즘이다. 인터넷에 오른 테러 교본에 따라 배우고 실천하는 소규모 테러 단체가 속출하고 있다. 이런 소규모 과격 단체는 인터넷을 통해 대원을 모집하며, 이념과 투쟁 방법

을 전파하고 무기 조작법과 폭탄 제조 방법을 전수한다.

④ 경제 테러가 증가하는 추세다. 고유가 시대에 친미 중동 정권과 중동 석유에 의존하는 서방에 타격을 주기 위해 유전 시설에 대한 공격을 늘려가고 있다. 이미 이라크에서는 송유관 파괴가 중요한 테러 방법으로 부각되었다.

⑤ 알 카에다 이념에 영향을 받은 개인이 대형 테러를 행할 가능성이 고조되고 있다.

개인적인 행동으로도 화생방 무기나 핵 물질을 이용하여 대규모 피해를 야기할 수 있기 때문이다. 따라서 오늘날 테러를 완전히 차단하는 것은 사실상 불가능하게 되었다. 이러한 새로운 테러의 동향은 대체로 알 카에디즘이라는 이념적 틀 안에서 전개되고 있다.

우리는 알 카에다를 연구하면서 이슬람 원리주의가 과격화되는 것을 보았다. 오사마 빈라덴과 알 자와히리는 그런 급진적이고 과격한 이슬람 원리주의야말로 이슬람의 본래 모습이라고 주장하고 실천했다. 2001년 9.11 테러! 그것은 아프가니스탄과 이라크 전쟁을 일으킨 서방에 대한 보복인가? 그것은 메카와 메디나가 있는 이슬람 성지를 오염시킨 이교도들에 대한 분노인가? 그것은 이슬람 원리주의에 근거하여 이슬람 신정 국가 건설을 방해하는 세력들에 대한 지하드인가? 이런 질문들에 대하여 어떤 대답을 하든지 '이슬람은 테러이다.'라는 이미지를 만든 책임으로부터 그들은 자유롭지 못할 것이다.

## 12장

# I.S.(Islamic State-이슬람 국가)의 생성, 궤멸 그리고 재건

　I.S.(Islamic State-이슬람 국가, 아랍어로 '다이쉬')는 종교인 이슬람이 정치 이데올로기화한 대표적인 사례이다. 그러나 그 본질은 신앙 운동이다. 따라서 정치 세력으로서의 I.S.는 몰락, 궤멸되었을지 모르지만 신앙 운동으로서의 I.S.는 여전히 활동 중이다. 그러므로 우리는 I.S에 대한 경계를 늦추지 말아야 한다.

　이 글은 I.S. 몰락 이후 이슬람 원리주의의 방향과 우리의 대처 방안을 모색하는 데 그 목적이 있다. 즉 이슬람 원리주의 운동은 I.S. 몰락 이후 어떤 형태로 나타나고 있는가? 우리는 어떻게 대처해야 할 것인가? 하는 문제를 고민하고자 한다.

## 1. I.S.(Islamic State-이슬람 국가)의 등장 배경

2011년 12월에 이라크 전쟁이 끝났다. 당초 부시(George W. Bush) 전 미국 대통령이 전쟁의 이유로 들었던 대량 살상 무기는 찾지 못했지만, 2003년 사담 후세인 정권은 무너졌다. 9.11 테러의 배후로 지목된 알 카에다의 지도자 오사마 빈 라덴은 2011년 사살됐다. 하지만 테러는 끝나지 않았다. 오히려 알 카에다보다 더 강하고, 더 잔혹한 수니파 이슬람 원리주의 무장단체인 I.S.가 등장했다. I.S.는 스스로 '국가'로 자칭하며 시리아와 이라크 일부를 차지하고 각종 범죄를 저지르는 한편, 포로를 처형하는 잔혹한 영상을 공개하는 수법으로 세계 여론을 자극했다. 결국 미국의 중동 개입을 강도 높게 비판해온 오바마(Barack Hussein Obama) 미국 대통령은 2014년 9월 군사 작전을 명령하게 되었다. 또 다시 테러와의 전쟁을 시작한 것이다.

갑자기 등장한 무장 단체 I.S.가 어떻게 단시간에 시리아 북부 알레포에서 이라크 디얄라 주에 이르는 광범위한 지역을 점령하고, '국가'로 자칭할 수 있게 되었을까. 그 이유는 이들의 자체적인 능력이라기보다는 이라크 전쟁 이후 중동의 극심한 정치적인 혼란 때문이었다. 이라크에서는 시아파-수니파 사이의 갈등이 격렬해졌고, 시리아 내전은 주변국의 대리전으로 악화되어 이들 지역은 사실상 권력의 진공 상태에 있었다.

먼저 이라크의 정치적인 상황을 살펴보자. 이라크에서는 인구비율로 수니파가 소수(20%)이고, 시아파가 다수(60%)이다. 수니파 무슬림인 사담 후세인(Saddam Husein, 1937-2006)의 정권이 무너질 때까지 이라크에서는 수니파가 권력을 독점하고 시아파를 탄압해왔다. 그러나 전쟁 이후 선거를 치르면서 다수인 시아파에게 정권이 넘어갔다. 새로 꾸려진 시아파 말리키 정부는 미군이 철수하자마자 수니파를 배제하고 탄압하기 시작했다. 당시 I.S.의 지도자인 아부 바르크 알 바그다디(Abu Bakr al-Baghdadi, 1971-2019)는 이러한 수니파의 불만을 적극 활용했다. 2010년 알 카에다 이라크 지부(AQI)의 수장이 된 그는 사담 후세인 정권의 군 장교 등 수니파 위주로 그의 지도부를 채우고 무장 세력을 재건했다.

비슷한 시기에 이라크와 국경을 맞대고 있는 시리아에서도 내전이 벌어졌다. 시리아는 인구의 80%가 수니파로 다수이나 소수인 시아파(알라위파)가 권력을 잡고 있다. 2012년에 '아랍의 봄'의 영향을 받은 시리아 시민들이 가혹한 독재 정치를 펴온 시아파 무슬림인 아사드(Bashar al-Assad) 정권에 대해 평화적인 항의 시위를 벌였다. 이에 아사드 정권이 과잉 진압하면서 사태가 악화됐고, 주변국들의 개입으로 내전으로 확대되었다. 수니파 보수 왕정 국가인 사우디아라비아는 아사드 정권의 퇴진을 압박하고, 시아파 종주국인 이란은 시리아에 시아파 정권이 유지되도록 경제, 군사적으로 아사드 정권을 지원했던 것이다.

2011년 8월에 알 카에다 이라크 지부의 알 바그다디는 시리아에 알 카에다 지부를 만들기 위해 아부 모하마드 알 골라니를 리더로 하는 8명의 알 카에다 대원을 파견했다. 시리아의 알 카에다 조직은 알 골라니가 시리아에 입국한 지 4개월 만인 2011년 12월 27일, 다마스쿠스의 시리아 정부 보안 청사를 공격하면서 첫 모습을 드러냈다. 이 사건을 통해 그들은 시리아 내전의 중요한 세력으로 일약 등장하게 되었다.

마침내 시리아의 알 카에다 조직은 해가 바뀐 2012년 1월 23일에 '알 누스라 전선(al-Nusla Front)'이라는 이름으로 공식적인 조직 결성을 공표했다. 알 누스라는 우리말로 '승리의 전선'이라는 뜻이다. 이들은 독재 정권이자 수니파 무슬림을 탄압하는 아사드 정권에 저항할 것이며, 모든 반 아사드 세력과 연대하여 자유 시리아를 위해 투쟁할 것임을 선언했다. 알 누스라 전선은 2012년 말에는 시리아의 알레포와 이들리브 등을 점령하여 세력을 넓혔고, 2013년 3월에는 시리아 동부의 가장 큰 도시인 락카를 점령하여 기세를 올렸다. 이들은 시리아 내에서 가장 강력한 반군 조직으로 성장했다.

알 바그다디는 2013년 4월 시리아에서 핵심적인 반군 세력으로 활동하던 알 누스라 전선과 통합하겠다고 발표했다. 그러나 알 누스라 전선은 '선거에 의한 이슬람 체제'를 주장한 반면에

I.S.는 '이슬람 칼리프제'를 주장한다는 점에서 서로 차이가 있다. 누스라 전선은 국민적인 합의를 통하여 이슬람 국가를 만들겠다고 했다.[137]

알카에다 본부가 알 바그다디의 이라크-시리아 통합에 반대하자 알 바그다디는 "이라크와 시리아를 구분하는 것은 제국주의 세력의 국경선을 인정하는 것"이라고 반발하고, 알 카에다로부터 독립을 선언했다. 이때 이라크와 시리아의 조직을 통합하겠다며 내세운 이름이 I.S.I.S.(이라크·시리아 이슬람 국가)이다. 이름에서 알 수 있듯이 I.S.I.S.는 '민족과 인종을 초월한 모든 무슬림을 포괄하는 이슬람 칼리프 국가' 건설을 목표로 내걸고 있다. I.S.I.S.는 2013년 5월 알 누스라 전선의 본거지인 라카를 접수하고, 이 도시를 거점으로 이슬람 국가를 건설하겠다는 의지를 밝혔다. 라카 점령으로 시리아 동북부의 기반을 강화한 I.S.I.S.는 6월 이라크 중부 사마라를 점령하고 이어 인구 180만 명으로 이라크에서 두 번째로 큰 도시인 모술과 바이지, 티그리트도 점령하면서 국제 사회에 충격을 주었다. 이어 6월 29일 알 바그다디는 자신을 칼리프로 하는 I.S.의 창설을 선포했다.

## 2. I.S.의 목표

I.S.는 단순히 시리아와 이라크에서 이슬람 국가를 만드는 것이 아닌 중동과 북 아프리카 그리고 유럽의 일부분을 이슬람 국가로 건설하려는 목표를 가지고 있었다. 그들은 600년 전 이슬람 전성 시대의 회복을 꿈꾸고 있었다. 이들의 기본 목표는 반미 만이 아니라 글로벌 지하드를 통한 신정 국가 건설이었다.[138] 칼리프 국가가 선언됨에 따라 지지 세력 또한 빠르게 늘었다. 이미 이집트 시나이 반도에서 활동 중인 급진 이슬람 단체인 '안사르 바이도르 마그디스', 2002년에 모하메드 유스프가 나이지리아에서 창설한 보코하람(Boko Haram) 등은 I.S.를 지지했다. I.S.는 '우리가 이슬람 국가를 만들었으니 전 세계의 무슬림들은 이 이슬람 국가를 지켜내고 확장시켜 한다. 이것이 모든 무슬림들의 진정한 의무이다.'라는 선전 방식을 통해서 약 3만 명의 국제 전사들을 모집하고 훈련했다.

2005년 5월 요르단인 저널리스트 푸아드 후세인은 런던의 아라비아어 신문 '알 쿠드스 알 아라비'에 자르카위 등이 구상했다고 하는 '2020년의 세계적 규모의 칼리프제 부활에 따른 행동 계획'을 소개한 바 있었다. 여기에 따르면,

2000년-2003년(9·11테러 발생 시기): '각성',

2003년-2006년: '개안',

2007년-2010년: '일어섬',

2010년-2013년: '부활과 권력 투쟁과 혁명',

2013년-2016년: '칼리프제의 국가 선언',

2016년-2020년: '전면 대결'을 거쳐,

2020년에 '최종 승리'를 이룬다는 구상을 가지고 있었다.

    실제로 I.S.는 '국가 선언' 시기인 2014년 6월에 모술을 함락시키는 등 이라크와 시리아에서 최소한의 '국가 체제'를 갖추었다. '망상'으로 치부되던 구상의 상당 부분이 실현된 것이었다. 이 계획에 의하면 2016년부터 시작되는 '전면 대결'은 전 세계 무슬림과 비무슬림이 전면 대결을 벌인다는 개념으로, 더욱 끔찍한 테러·처형 등이 이어질 수도 있다. 망상에 불과하다고 치부할 수 있지만 이런 구상을 한다는 것 자체가 이슬람 원리주의의 자신감이 아닐까.

    I.S.가 프랑스 파리 연쇄 테러를 자행한 배경에 이슬람의 배타적 교리인 '타크피르(takfir)'[139]와 종말론이 있다. I.S.가 전 세계적 테러 공격의 근거를 타크피르에서 찾고 있다. 타크피르는 진정한 이슬람의 테두리를 벗어난 '카피르(불신앙인)'를 이슬람 공동체에서 내쫓고, 죽여야 한다는 것을 의미한다. I.S.는 타 종교나 종파는 물론이고 내부의 반대자까지도 카피르로 간주해

테러를 자행하거나 살해한다. 파리 테러 하루 전에 발생한 레바논 테러는 시아파 카피르를 겨냥한 것이었다.

또한 I.S.는 하디스(예언자 무함마드의 언행록)의 일부 문장을 인용해 지구의 종말 직전에 이슬람 군대와 기독교 군대가 시리아에서 대규모 전투를 벌이게 되며 이슬람 군대가 최후 승리한다고 주장한다. 이 같은 이슬람식 종말론은 젊은이들을 포섭하고 극단적 폭력 행위를 하도록 부추기는 데 강력한 효과를 발휘한다. 유럽에서 이주민으로서 억압과 차별 속에 성장한 젊은 무슬림 2세들이 I.S.의 사상에 동조하면서 극단적인 성향으로 치우치는 경향이 있다.

### 3. I.S.의 만행과 미국의 공격

I.S.는 소수 종파인 쿠르드 야지디 족을 최소 300명 이상 죽이고 여성과 아동을 납치했다. 이 사건은 미국의 중동 개입에 결정적인 영향을 주었다. 오바마 미국 대통령은 '대량 학살을 막아야 한다.'는 명분으로 이라크 지역과 시리아 지역의 I.S.를 상대로 각각 8월과 9월 공습을 명령했다. 미국의 공습에 주춤한 I.S.가 반격의 카드로 쓴 것은 인질 살해였다. I.S.는 미국의 공습에 대한 보복이라며 미국 기자 제임스 폴리를 참수하는 동영상을 공개했다.

2015년 1월에는 일본인 인질 고토 겐지와 유카나 하루나도 살해해 일본 사회에 큰 충격을 줬고, 2월에는 생포한 요르단 조종사를 불에 태워 죽이는 동영상을 공개했다. I.S.는 이집트 콥트교인 21명, 시아파 이슬람교도 8명 등을 단체로 살해하는 영상도 올렸다. I.S.가 잔혹한 인질 살해 영상을 잇달아 공개한 것은 미국을 비롯한 상대국에 공포감과 무력감을 심어주기 위한 것으로 분석되지만, 동시에 지하드의 환상을 갖고 있는 전 세계 젊은이들에 대한 선전책이기도 했다. 한국에서도 '김군'이라고만 알려진 한 청소년이 터키를 통해 I.S.에 입단한 바 있었다.

그러나 I.S.가 홍보하는 '칼리프 국가'의 이미지와 I.S.의 현실은 달라도 너무 달랐다. I.S.는 쿠르드족 자치 정부에서 납치한 야지디족 여성들을 시리아에서 인신매매를 하는가 하면, 성노예로 삼았다. 성노예로 전락한 여성의 상당수가 15세 이하의 어린 소녀들인 것으로 알려졌다. 또 주민을 살해해 장기 매매까지 하고 있다는 주장도 제기됐다. I.S.는 다수의 어린 소년들을 소년병으로 훈련시키고 있으며, 10살 정도의 어린 소년이 인질을 살해하는 영상도 공개했다. 시리아 라카 등 I.S.의 근거지도 '칼리프 국가'의 이미지와는 너무나 거리가 멀었다. 워싱턴 포스트나 CNN은 라카 주민의 증언을 통해 "깨끗한 물이 없고 전기가 하루에 3-4시간 정도만 공급되며 거리에 쓰레기가 가득하다.", "여성들은 I.S. 전투원들과 강제 결혼을 당했고, 시민들은 헌혈을 강요당하고 있다."고 보도했다. I.S.에 실망하고 고국으로 돌아가려는 외국인 전사들을 사살한다는 주장도 있었다. I.S.는 이라크 내 유적을 '우상 숭배'라며 파괴하는 모습을 영상을 통해 홍보해 국제 여론의 비난을 샀다. I.S.는 모술 박물관과 고대 아시아 님루드 유적, 또 고대 도시 하트라의 유적 등을 '우상 숭배'라며 파괴했다. 님루드는 고대 아시리아의 수도로 세계 문화유산 등재를 앞둔 유서 깊은 유적지였고, 하트라는 고대 파르티아 제국의 거대한 원형 요새 도시이자 최초의 아랍 왕국 수도였다. 유네스코는 I.S.의 잇단 유적 파괴 행위를 두고 전쟁 범죄 행위로 규탄하고 국제형사재판소(ICC)에 조사와 조치를 요청했다.

이슬람 원리주의 무장 단체 I.S.가 2014년 6월 29일 신정 일치의 '칼리프 국가' 수립을 선포한 이래 2년도 채 안 돼 문명의 공적이 됐다. 2015년 11월 13일(현지 시간) 공연장과 축구경기장, 식당 등 6곳에서 총기 난사와 자살 폭탄 테러로 최소 132명이 사망하고, 350여 명이 부상한 파리 참사에 이르기까지 I.S.는 대륙을 넘나들며 연쇄 테러를 벌였다. 중동의 골칫덩이인 I.S.가 전 세계의 시한폭탄이 됐다.

## 4. I.S.의 몰락과 재건

미국의 트럼프(Donald John Trump, 1946-) 대통령은 2019년 3월 22일 I.S.를 시리아 내 점령지에서 완전히 격퇴했다고 발표했다. 이것은 2014년 6월 미국 주도의 국제 동맹군이 I.S. 격퇴 작전을 시작한 지 4년 9개월 만에 나온 결과다.

그렇다면 I.S.는 몰락한 것인가? 그렇지 않다. 그 이유는 이슬람 테러리즘의 뿌리가 이슬람 원리주의이기 때문이다. 이슬람 원리주의는 이슬람이 배태하고 있는 씨앗이다. 호메이니(Ayatollah Ruhollah Musavi Khomeini, 1902-1989)의 연설문을 읽어보자.

> "첫 발자국부터 끝맺음까지 15-16년이 걸린 이 운동(이란 이슬람혁명)에서는 (중략) 많은 피가 흘렀고 수많은 젊은이들이 목숨을 잃었으며…… (중략) 모두 이슬람을 위한 것이라는 게 우리의 믿음이다. 나도, 또 그 어떠한 학식 있는 자라도 우리가 고작 덜 비싼 멜론을 얻기 위해 우리의 피를 내놓고, 덜 비싼 집을 마련하기 위해 젊은이들의 목숨을 내놓았다고 말할 수 없으리라. 사람들이 목숨을 내놓은 것은 다 이슬람을 위해서다. 우리의 선인들도 경제가 아니라 이슬람을 위해 그들의 삶을 내던졌다."[140]

따라서 I.S.가 몰락했을지라도 유사한 형태의 이슬람 테러리즘은 계속해서 발생할 것이다. 지난 2019년 8월 20일자 한겨레신문은 "미 격퇴 선언 5개월 만에 I.S. 조짐"이라는 보도했다. 보도 내용은 다음과 같다.

"뉴욕타임스는 I.S.의 몰락이 선언된 5개월 만에 다시 이라크와 시리아에서 산발적인 게릴라전, 금융망 복구, 난민촌에서 신입대원 모집 등으로 다시 활력을 찾고 있다고 유엔과 미국 등의 정보보고서를 인용해 보도했다. 유엔 안보리 대테러위원회 분석가들은 지난 7월 보고서에서, I.S. 지도자들은 시리아와 이라크에서 군사적 패배에도 불구하고 '이 나라들에서 궁극적인 부활을 위한 조건을 만들고, 적응하고, 능력을 공고히 하고 있다.'고 평가했다. 이 보고서는 지난 4월부터 6월까지 I.S.의 활동들을 평가한 것이다. I.S.는 이라크와 시리아에서 여전히 1만 8천 명의 무장대원들을 동원하고 있고, 지하 세포 조직과 타격대들이 치안 병력 및 마을 지도자들을 상대로 저격, 공격, 매복, 납치, 암살 등을 벌이고 있는 것으로 평가된다. 북부 이라크에서는 농부들이 I.S.에 세금을 내지 않으면, 농작물이 불태워지는 보복을 당하고 있다. I.S. 재기의 최대 텃밭은 이 단체의 대원과 그 가족이 모인 수용소들이다. 열악한 관리 및 수용소 상태는 오히려 I.S.의 새로운 대원 양성지로 바뀌고 있다고 미군 중부 사령부 쪽도 유엔 보고서에서 밝혔다."

국민일보는 베일에 싸여있던 I.S.의 새 리더의 정체가 드러났다고 보도했다(2020.1.22.). 미군 작전으로 I.S.의 수괴 아부 바크르 알 바그다디가 사살된 지 석 달여 만이다. 영국 가디언은 복수의 서구 정보 당국 관계자를 인용해 아미르 무함마드 압둘 라흐만 알 미울리 알 살비가 숨진 알 바그다디의 후계자로 확인됐다고 전했다. 50대 후반으로 추정되는 알 살비는 알 바그다디와 함께 I.S.를 세운 인물로 이라크 북서부 국경 도시 탈아파르에서 태어났다. 투르크메니스탄계로 I.S. 지도부 인사 중에는 드물게 비(非)아랍계이다. 이라크 모술대에서 이슬람법인 샤리아 해석 관련 학위를 취득한 그는 이슬람법학자로서 I.S. 테러에 정당성을 부여하면서 '교수'라는 별명을 얻기도 했다. 가디언은 알 살비에 대해 "강경 성향의 베테랑 전사이자 동시에 I.S.조직 내에서 가장 영향력이 큰 이론가 중 한 명"이라고 설명했다. 알 살비는 I.S.가 이라크 내 소수 종파인 야지디족을 학살하고 성노예로 만드는 것이 샤리아에 부합한다는 종교적 판결을 내려 악명을 얻은 인물이기도 하다. 같은 논리로 이라크 내 기독교도들의 주 거주지인 니네베 평원 파괴 행위도 정당화했다.

I.S.에서 우리가 볼 수 있는 것은 종교적인 초월성이 아니라 정치 권력에 대한 탐욕이다. I.S.는 이슬람 원리주의를 정치 이데

올로기화하여 독선, 아집, 문화 파괴, 살인, 전쟁으로 이슬람을 누더기로 만들었다. 어떻게 종교의 이름으로 이렇게 난폭하고 잔인한 짓을 할 수가 있을까? 이슬람 원리주의 역사를 살펴보면, 와하비즘에서 I.S.에 이르기까지 이슬람 원리주의는 시간이 지나면 지날수록 과격화되고, 급진화 되었다. 우리는 I.S.에서 이슬람의 이상은 사라지고, 폭력적인 현실만을 목격하게 된다.

I.S.의 폭력성과 잔인성은 어디로부터 왔는가? I.S.의 야만성과 폭력성은 그냥 하늘에서 뚝 떨어진 것이 아니라 이슬람 원리주의에서 온 것임을 부인할 수 없다. 그렇다면 I.S.는 이슬람 원리주의의 변종인가 아니면 이종 교배인가? I.S.가 이슬람 원리주의의 변종이라면 그 이유 하나만으로도 우리는 이슬람 원리주의를 예의주시해야 한다.

13장

# 보코 하람(Boko Haram)과 나이지리아

I.S.에 충성 맹세를 하여 '이슬람 국가 서아프리카 주(I.S.W.A.P. - Islamic State West Africa Province)'라는 칭호를 얻은 보코 하람은 아프리카의 공공의 적이 되었다. 그 악명 높은 보코 하람이 한국 신문에 가끔씩 등장하곤 한다. 하지만 특별한 관심을 갖지 않으면 우리의 눈에 띄지 않는다. 그 이유는 보코 하람은 지역적으로 우리와 멀리 떨어져 있어 우리의 시야에 벗어나 있기 때문일 것이다. 이 글에서 이슬람 원리주의에 뿌리를 둔 보코 하람은 어떤 단체인지, 그 태동과 저지른 패악이 어느 정도인지 살펴보고자 한다. 데일리 굿 뉴스는 다음과 같은 내용을 보도했다(2023. 3. 20).

"오픈 도어즈의 2013년 세계감시목록(WWL) 보고서에 따르면, 나이지리아는 지난해 신앙 때문에 살해된 기독교인 수가 5,014명으로 세계 1위를 차지했다. 또 나이지리아는 올해 전 세계에서 기독교인으로 개종하기 가장 어려운 국가 순위 중, 지난 해 7위에서 6위로 상승한 바 있다. WWL 보고서는 '나이지리아에서 풀라니족과 보코 하람 등의 무장 세력이 인신매매나 성 노예를 노리고 기독교인을 습격하여 살해, 시신 훼손, 강간, 납치 등을 자행하고 있다.'며 '그러나 나이지리아 정부는 종교적인 이유 때문에 이런 일이 벌어진다는 사실을 극구 부인하고 있다. 따라서 지금도 기독교인의 권리를 침해하는 이런 행위가 아무런 처벌을 받지 않고 계속되고 있다.'고 지적했다."

### 1. 보코 하람(Boko Haram)이란?

공식적인 명칭은 '자마아투 아흘 순나 리다와티 왈 지하드'로, 풀이하면 '전도와 지하드를 위해 선지자의 가르침에 헌신하는 사람들'이다. '보코'는 하우사어[141]로 '서양식 비이슬람 교육'을 의미하고, '하람'은 아랍어로 죄·부정한 것이라는 의미로, 보코 하람은 "서양식 교육은 죄악"이라는 뜻이다.[142] 이름에서부터 알 수 있듯이 보코 하람은 서양식 교육과 타 종교의 문화를 철저히 배격한다. 이들은 서구 교육뿐만 아니라 거의 모든 근대 과학이나 기술을 거부한다. 예를 들어 2009년 BBC와의 인터뷰에서 정부군에 의해 사살된 보코 하람의 창시자이자 초대 지도자인 무함마드 유수프(Mohammed yusuf, 1970-2009)는 지구는 둥글다는 사실을 인정하지 않았다.[143]

## 2. 보코 하람의 결성

보코 하람은 나이지리아에서 생겨난 이슬람 원리주의 테러 단체이다. 2002년에 나이지리아 북부에서 조직되어 2009년부터 본격적으로 활동한 것으로 알려졌다. 자세한 조직이나 간부 등에 대하여 알려진 바가 별로 없다. 병력은 7,000명에서 10,000명으로 추정된다. 소말리아에 있는 '알 샤바브'와 더불어 아프리카의 '탈레반'이라고 불린다. 실제로 탈레반, 알 카에다 그리고 I.S.와 활발히 교류하고 있다. 나이지리아 북부에서 이들이 점령한 지역의 크기는 벨기에 영토의 크기에 육박한다.

초기 보코 하람은 지역 정당의 색채가 짙었다. 보코 하람은 1994년부터 남서부 해안의 기독교 우세 지역을 정치 기반으로 한 집권 세력의 정책 전반(친서구, 세속화, 현대화)을 반대했다. 특히 서구화 교육 반대를 근간으로 이슬람 원리주의를 주장했다.

보코 하람은 후진국-개도국의 누적된 사회 모순(개발 독재, 부의 양극화, 지역 갈등, 도농 격차)과 결합해 강력한 전파력을 갖게 되었다. 2009년에 일어난 보코 하람 폭동은 치안 유지군이 도로교통법에 따라 보코 하람의 재산을 압수하면서 시작됐다. 당시 유수프를 포함한 보코 하람 당원들은 장례식 중이었고, 압수한 재산은 상여 행렬에 동원된 오토바이 130여 대였다. 압수 과정에서 보코 하람 측이 반발하자 경찰은 17명의 사상자를 내었고, 보코 하람 측은 보복으로 경찰을 습격해 상응하는 피해를 입혔다. 이 폭동은 2009년 7월 26일부터 29일까지 700여 명의 인명 피해와 약 300명의 부상자가 발생한 끝에 종결되는 듯싶었다. 그러나 이 사건은 나이지리아 내전의 시작이자 나이지리아 현대사의 분기점이 되었다. 보코 하람의 지도자 무함마드 유수프는 진압 과정에서 체포되었다. 정부군은 폭동을 진압하는 건 물론이고, 보코 하람 운동 자체를 종결할 천재일우의 기회로 보고 유수프를 재판 없이 처형했다. 우두머리를 잃은 보코 하람은 자연 해체 될 것으로 예상했으나 그 예상은 빗나갔다. 보코 하람은 지역의 이슬람 교육 기관을 중심으로 들불처럼 번져나갔다.

보코 하람은 2014년 7월에 I.S.I.L.(Islamic State of Iraq and Levant)과의 동맹을 선포했다. 그리고 2014년 8월 25일에 '이슬람 칼리프 국가' 수립을 선포했다. 칼리프 국가를 세운 것은 이라크 수니파 무장 단체 I.S.에 이어 두 번째였다. 2015년 3월 보코 하람의 지도자가 I.S.I.L.에 충성 맹세를 하면서 둘의 관계는 더욱 돈독해졌다. 보코 하람 지도자 아부바카르 셰카우는 2014년 8월 24일에 공개한 52분 분량의 영상에서 "그워자에서 우리 형제에 승리를 안겨준 알라 덕분에 이 지역이 이슬람 칼리프 국가의 영토가 됐다"고 밝혔다. 셰카우는 "그워자는 이제 나이지리아와 아무런 관계가 없는 곳"이라며 "알라의 은총이 오랫동안 머물 것"이라고 말했다. 2015년 4월 26일 BBC 아프리카 판은 보코 하람이 I.S.에 충성 맹세를 한 뒤, '이슬람 국가 서아프리카주(I.S.W.A.P.-Islamic State West Africa Province)'라는 이름을 얻었다고 보도하였다. 이후 이슬람 국가 서아프리카주(I.S.W.A.P)의 지도자는 아부 무사브 알 바르나위로 바뀌었는데, I.S. 본부에서 직접 셰카우를 해임시키고 바르나위를 앉힌 것이다. 이에 아부바카르 셰카우가 쿠데타라고 격렬히 반발하며 조직원의 반을 이끌고 이탈하여 이슬람 국가 서아프리카주(I.S.W.A.P)는 분열된 상태이다.

### 3. 보코 하람의 패악

보코 하람은 주로 오토바이 부대를 이용해 폭탄 테러나 만행을 저지르고 '치고 빠지는' 전술을 썼으나, 근래에는 특정 지역을 무력으로 점령하는 전술을 구사한다. 그들은 출산 중인 임산부를 습격해 산모와 태아를 동시에 살해하거나 10살 정도의 여자아이까지 자폭 테러에 동원하기도 했다. 거기다 점령 지역에서 퇴각할 경우에 자기들이 납치해 강제로 아내로 삼은 여자들이 자기네가 떠나면 원래의 비무슬림 가족들과 재결합할지도 모른다는 이유로 아내들을 학살하는 악랄함을 보이기도 했다. 그들의 주된 공격 대상은 경찰서, 관공서, 병원, 성당과 각종 공공시설들, 서구식 교육을 가르치는 학교이다. 보코 하람의 패악을 신문에 보도된 내용을 중심으로 정리해보자.

  나이지리아는 보코 하람으로 인한 극심한 테러와 내전 상태에 시달리고 있다. 본격적인 테러와 내전은 2009년부터 시작했으며, 그로 인해 현재까지 발생한 난민만 100만 명 이상으로 집계된다. 2010년 크리스마스 이브에는 기독교 남부 지역과 무슬림 북부 지역 사이에 위치한 도시 조스에서 보코 하람의 테러 공격으로 32명이 죽고 74명이 부상당했다. 2011년 크리스마스 때에도 수도 아부자의 가톨릭 성당들에 연쇄 테러를 벌여 27명을 죽였으며, 조스와 북부 요베 주 성당들에서도 폭탄이 잇따라 터져 경찰이 죽고, 다수 사상자가 발생했다. 2013년 5월에는 경찰복으로 위장한 보코 하람 조직원들이 지프 트럭 3대에 나눠 타고 보르노 주 바마 마을을 공격하였다. 이들이 경찰서를 비롯해서 나이지리아 육군 초소, 감옥, 교회 등을 습격하여 55명이 사망하고, 105명의 수감자가 탈출하는 사태가 발생하였다. 이에 나이지리아 대통령이 보르노 지방에 비상사태와 통금을 선포하기도 했다. 조직이 결성된 2000년대 초에서 2013년까지만 해도 이들이 학살한 사망자 수가 무려 10,000여 명에 이르렀다. 2014년에는 서구식 교육에 반대한다는 명분으로 학교를 습격해 여학생 276명을 납치해서 강제로 결혼시켰다. 아마 보코 하람의 테러 중 서방에 가장 잘 알려진 사건일 것이다. 납치된 여학생들이 대부분 기독교인임에도 불구하고 이슬람으로 강제로 개종시키는 만행도 저질렀다. 이후 여학생들의 행방은 묘연했다. 납치된 지 2년이 지나서야 보코 하람이 15명 소녀들의 영상을 정부에 보내 협상을 요구함으로써 그들의 행방이 알려졌다. 하지만 정부는 이를 가족들에겐 숨기고 있다가 CNN이 가족들에게 딸들이 살아있다고 공개함으로써 세상에 알려졌다.

    정당성이 없는 이슬람 원리주의 성향의 막장 행각들, 각종 테러, 기독교도 여학생 납치 등 반인륜적인 범죄를 서슴없이 저질러 미국과 유엔 안전보장이사회 등은 보코 하람을 국제 테러 단체이자 중대한 위협으로 규정하고 있다. 또한 보코 하람의 영향이 미치고 있는 나이지리아, 카메룬, 니제르, 차드 등의 나라가 협력하여 전투에 나서고, 최근엔 아프리카 연합도 병력을 지원해 보코 하람은 큰 피해를 입고 주춤해졌다.

    국민일보는 나이지리아 상황을 다음과 같이 보도한 적이 있다(2022. 10. 1).

"'나이지리아 국제시민자유와 법률협회'에 따르면 올 들어 지난 10개월간 나이지리아 기독교인(가톨릭 포함) 4,020명이 사망했다. 이 가운데 2,650명은 이슬람 테러 단체 등에 의해 목숨을 잃었다. 이에 나이지리아 기독교 단체들은 나이지리아를 '종교 자유 침해 특별우려국'으로 재지정하라는 청원을 최근 미국 백악관에 전달했다. 청원을 주도한 단체는 기독교 문화 콘텐츠를 제작하는 '리빌레이션 미디어'와 기독교 법률 단체 '자유수호연맹'이다. 이들은 청원서에서 '2021년 1월부터 2022년 3월까지 나이지리아에서 기독교인이 6,000명 넘게 순교했고, 4,500명 정도가 납치됐다.'며 '바이든 대통령은 지난해 종교 자유 침해 특별우려국 목록에서 삭제한 나이지리아를 다시 추가해야 한다.'고 주장했다. 이들 단체의 청원은 1998년 미국에서 제정된 '국제종교자유법'에 근거한다. 미 국무부는 이 법에 근거해 매년 종교의 자유를 침해한 특별우려국을 지정해 발표해 왔다. 해당국에는 종교의 자유를 침해하지 못하도록 하는 정책·경제적 제재를 취해 왔다. 기독교 박해 감시 기구인 오픈도어에 따르면 나이지리아는 지난해 전 세계에서 가장 많은 기독교인이 살해당한(4,650명) 국가다. 전 세계 희생자의 약 80%에 달한다. 최신 기독교 현황을 담은 '글로벌 크리스채너티'에 따르면 2020년 기준으로 나이지리아의 개신교 신자는 6,206만 명으로 전체 인구의 35%이다."

보코 하람의 태동은 이슬람 원리주의 때문인가? 아니면 사회적 여건, 예를 들어 경제적인 불평등 때문인가? 이미 살펴본 대로 보코 하람의 태동에는 분명히 사회적 여건이 작용하였다. 초기 보코 하람은 후진국의 누적된 사회 모순(개발 독재, 부의 양극화, 지역 갈등, 도농 격차)을 해결하려는 정당 색채가 짙었다. 그러나 차츰 보코 하람은 이슬람 원리주의로 무장하게 되었다. 특히 I.S.로부터 '이슬람 국가 서아프리카주(I.S.W.A.P.-Islamic State West Africa Province)'라는 이름을 얻었을 때부터 이슬람 원리주의 테러리스트로 악명을 떨쳤다. 보코 하람의 세력이 뿌리 깊을 수밖에 없는 것은, 보코 하람이 무력을 동반하는 극단적인 단체일 뿐만 아니라 나이지리아 북부 지역의 이슬람 원리주의 성향 때문이기도 하다. 이미 나이지리아 북부의 주 정부들은 중앙정부의 허락도 없이 독단적으로 샤리아를 전면 도입하였기에 중앙정부와 기독교인이 많은 나이지리아 남부 주들이 이에 반발하는 상황이다. 우리는 보코 하람의 잔학한 행위 뒤에 이슬람 원리주의가 있음을 간과해서는 안 된다.

## 14장

# 자마아 이슬라미야(Jamaah Islamiyah)와 인도네시아

동남아시아는 한국의 앞마당이다. 따라서 동남아시아에서 일어나는 이슬람 원리주의 운동은 머지않아 우리에게 크고 작은 영향을 미치지 않을 수 없다. 그런 점에서 동남아시아에서의 이슬람 원리주의 흐름에 대한 이해가 필요하다. 필자는 인도네시아에서 사역하고 있는 H선교사의 「인도네시아에서의 이슬람 원리주의에 대한 정리」(미간행)[144]를 중심으로 동남아시아의 이슬람 원리주의 활동을 살펴보려고 한다.

인도네시아는 현재 세계에서 가장 많은 무슬림이 거주하는 국가이지만 이슬람을 국교로 하지 않는 다종교 사회이다. 사회 통합을 목표로 하는 인도네시아의 특성상 현재도 이러한 정책을 유지하고 있다. 따라서 포용과 관용을 사회의 미덕으로 삼는

빤짜실라(Pancasila)[145] 정신에 따라 인도네시아 무슬림은 세계에서 가장 관용적인 무슬림이라는 이미지를 갖게 되었다. 하지만 수하르토 대통령 하야 이후, 그의 철권통치로 인해 숨죽였던 이슬람 원리주의가 서서히 나타나기 시작했다. 처음에 이슬람 원리주의의 타도 대상은 기독교인이었지만 점차 확대되어 비수니파 무슬림까지 포함하게 되었다.

최근 들어 미국의 9.11테러에 인도네시아인을 비롯한 동남아시아 무슬림이 연루되었다는 의혹이 제기된 바 있다. 2002년 10월에 일어난 발리 폭탄 테러는 자마아 이슬라미야(Jamaah Islamiyahh)와 관련이 있다는 사실이 밝혀지기도 했다. 이에 인도네시아는 자국 내 이슬람 원리주의의 확장에 대해 많은 우려를 하고 있다. 인도네시아의 이슬람 원리주의는 최근에 형성된 것이 아니라, 지난 200년 이상 수많은 섬 지역에서 발아하여 나름대로 성장하고 있었다.

### 1. 인도네시아에서의 이슬람 원리주의의 일반적인 특징들

인도네시아의 이슬람 원리주의자들은 작금 인도네시아가 경제적, 정치적, 문화적, 도덕적으로 '다차원적인 위기(multidimensional crisis)'에 직면해 있다고 주장한다.

이슬람 원리주의자들이 지적하는 내적 요인으로는, 쿠란과 순나에 기록된 가르침에서 벗어난 무슬림 지도자들로 인한 위기이다. 이슬람 원리주의자들은 무슬림 지도자들에게 세속적 타협을 거부하고, 쿠란과 무함마드 시대의 순수한 이슬람으로 돌아갈 것을 강력히 촉구한다. 그들은 이 내적 위기를 극복하기 위한 방법으로 샤리아 수호를 핵심 사항으로 꼽는다. 인도네시아 이슬람 원리주의 그룹은 현재 가족법과 상속법에 국한되어 있는 샤리아를 사회 전 분야에 적용하여 경건하고 정의로운 사회를 건설해야 한다고 주장한다. 그들은 현대 사회 현실에 적합화하기 위해 이슬람법 해석을 '상황화'(contextualised)하거나, '현대화'(modernised)해야 한다는 자유주의 무슬림들의 주장을 반대한다.

또한 이슬람 원리주의자들이 지적하는 외적 요인으로는, 경제적, 군사적인 힘을 앞세워 이슬람 공동체를 정복하고 착취하는 서양 이교도들로 인한 위기이다. 그들은 기독교, 유대교를 이슬람을 위협하는 적대적인 세력으로 여기고, 이들을 대적해야 한다고 주장한다.

이슬람 원리주의 단체들은 이슬람 신정 국가 건설을 주장하고 있으나 현재 인도네시아의 초석은 종교적 중립 교리인 '빤짜실라'이다. 2017년 5월에 인도네시아 여론 조사 기관인 사이풀 무자니 리서치앤컨설팅(SMRC)은 인도네시아 국민 1,500명을 대상으로 선호 정치 체제를 묻는 여론 조사를 했다. 조사 결과 응답자의 79.3%는 현행 민주주의 체제가 인도네시아에 최선이라고 답했지만, 9.2%는 민주주의 체제를 버리고 이슬람 신정 체제인 '칼리프 국가'를 건설해야 한다고 답했다. 인도네시아 인구가 2억 7천만 명인 것을 고려한다면 약 2천 5백만 명이 칼리프 국가 건설에 찬성한 것이다. 결코 적은 숫자가 아니다.

## 2. 인도네시아에서 이슬람 원리주의 기원

인도네시아는 이슬람 원리주의의 오랜 역사를 갖고 있다.[146] 근대의 초기 이슬람 원리주의 운동은 서부 수마트라의 '파드리'(Padri) 운동이었다.[147] 1780년대부터 중동에서 순례와 공부를 마치고 돌아온 사람들은 현지화된 이슬람 관습을 개혁하고, 샤리아를 더 엄격하게 적용해야 한다고 생각했다. 그들은 도박, 술, 닭싸움 같은 비이슬람적인 오락에 반대하였다. 이러한 엄격한 샤리아 적용은 토착 종교 및 정치인들이나 네덜란드 식민 정부로부터 격렬한 저항을 받게 되었고, 결국 19세기 초, 수십 년 동안 파드리 전쟁을 일으키게 되었다. 식민 시대의 이슬람교는 이런 사회·경제적, 정치적인 불만 세력을 집결하는 요인이 되었다. 1940년대부터 1960년대까지 지속된 '다룰 이슬람(Darul

Islam)'의 반란에는 이러한 역사적인 배경이 있었다. 따라서 이슬람 원리주의가 인도네시아에서 새로운 현상이라고 주장하는 것은 역사적인 측면으로 볼 때 옳은 평가가 아니다.

현대 인도네시아의 이슬람 원리주의는 종교적, 정치적, 경제적 요소뿐만 아니라, 지역 및 국제적 요소가 복잡하게 얽혀있다. 대부분의 이슬람 원리주의 무슬림들은 정치적, 사회적, 경제적인 측면에서 강한 불만을 가지고 있다. 이들은 국내적, 국제적 권력 관계에서 이슬람의 정당성이 부정당하고 있다고 판단한다. 인도네시아 헌법이 '순수한 이슬람 신앙'을 허용하고 있지 않으며, 타 종교인이나 다른 관점을 따르는 무슬림들을 보호하고 있다고 여긴다. 또한 경제적인 문제에 있어서 이슬람 원리주의자들은 국가 경제에 큰 비중을 차지하고 있는 화교에 비하여 무슬림들이 소외당하고 있기에, 진정한 이슬람의 질서가 확립될 때까지 이러한 정치적, 경제적, 역사적 불평등이 계속될 것이라고 주장한다.

인도네시아 이슬람이 급진화 된 몇 가지의 외부 요인들을 정리해본다.

첫째, 1979년 이란 혁명은 인도네시아의 젊은 무슬림들에게 무슬림이 서구의 지원을 받는 정권을 타도하고, 이슬람적인 정치 및 경제 체제를 세울 수 있다는 강한 자신감을 불러 넣었다.

둘째, 1980년대 소련과 아프가니스탄의 전쟁으로 인한 지하드의 국제화이다. 이것은 동남아시아에서 테러리즘이 부상하는데 결정적인 요인이 되었다. 수백 명의 인도네시아 무슬림 젊은이들이 무자히딘으로 싸우기 위해 아프가니스탄으로 갔고, 그들은 전장(戰場)에서 폭탄 제조 및 비밀 작전 실행과 같은 테러 기술을 배웠으며, 범이슬람 및 맹렬한 반서방 이데올로기로 사상 무장을 했다. 이러한 접촉은 나중에 재정적 지원, 기술 노하우 전수, 글로벌 테러리스트 네트워크를 형성하는데 매우 중요한 결과를 낳게 되었다.

무자히딘 요소 외에도 중동에서 교육을 받은 동남아시아 무슬림들은 사우디아라비아, 이집트, 팔레스타인 등의 보다 급진적인 이슬람 원리주의에 더 많이 노출되게 되었다. 이러한 접촉은 인도네시아의 이슬람 원리주의자들에게 이데올로기를 강화하는 통로가 되었다.

특히 정보 부분에 있어서의 세계화 역시 인도네시아 이슬람 원리주의 그룹에 많은 영향을 미쳤다. 사이버 기술과 알 자지라(al-Jazeera) 및 알 아라비야(al-Arabiya)와 같은 위성 텔레비전 방송국은 중동에서 동남아시아의 이슬람 원리주의 그룹으로 흘러들어가는 정보의 속도와 양을 크게 증가시켰다. 이슬람 원리주의 단체는 새로운 기술을 활용하여 자신의 견해를 전달하고, 다른 사람들을 투쟁에 동참하도록 선동하는데 능숙해졌다. 라스커 지하드(Lasker Jihad)와 같은 준군사 조직은 인도네시아어,

영어 및 아랍어로 된 콘텐츠와 다른 급진적 그룹에 대한 광범위한 정보가 잘 정리된 웹사이트를 운영하기도 했다. 이러한 사이버 커뮤니케이션의 중요성은 자미야 이슬라미야의 지도자인 이맘 사무드라(Imam Samudra)가 2002년 10월 인도네시아 무슬림들에게 자살 폭탄 테러범이 될 것을 촉구하는 메시지를 웹페이지에 게시한 것으로 잘 드러났다.

## 3. 인도네시아에서 이슬람 원리주의 단체들[148]

인도네시아에는 크고 작은 다양한 이슬람 원리주의 단체들이 있다. 그중에서도 잘 알려진 단체를 소개해 본다.

### 1) 다룰 이슬람(Darul Islam)

다룰 이슬람은 인도네시아 이슬람에 관한 현대 문헌에는 거의 언급되지 않는다. 또한 자마아 이슬라미야와 같은 급진적 그룹과 별다른 연관성이 없어 보이기도 한다. 다룰 이슬람은 모든 인도네시아 급진 이슬람 운동 중 가장 오래된 운동이다. 인도네시아 독립 이후, 몇 년을 제외한 모든 기간 동안 이런저런 형태로 활동해 왔다.[149] 1970년대 이후 다룰 이슬람의 특징을 살펴보면, 첫째, 내부에 다양한 파벌이 형성되어 복잡하고, 폭력적이 되었다.

둘째, 중동에서 다양한 급진적 이념들이 내부에 흘러들어옴으로써 이념이 강화되었다

셋째, 이슬람 테러리즘의 성향을 띠게 되었다.

넷째, 자마아 이슬라미야의 자살 폭탄 테러범 대부분이 다룰 이슬람의 배경을 가진 그룹에서 나왔다.

현재 다룰 이슬람은 4-5개의 주요 파벌과 많은 소규모 그룹으로 분산된 수만 명의 회원들이 있다.[150] 아프가니스탄, 필리핀의 무슬림 무장 단체와 관련되어 있고, 2,000년 크리스마스 교회 공격, 2002년 발리 폭탄 테러, 자카르타 호주대사관 공격, 이스티크랄(Istiqlal) 사원 공격 등과 연루되어 있다.

### 2) 자마아 이슬라미야(Jamaah Islamiyah)

자마아 이슬라미야는 동남아시아에서 가장 규모가 크고 정교한 테러리스트 네트워크를 가졌으며, 이 지역에서 유일한 다국적 지하디스트 단체이다. 인도네시아는 자마아 이슬라미야의 대부분의 리더십과 구성원을 제공하고 있지만 조직은 말레이시아, 싱가포르, 필리핀까지 뻗어있다. 자마아 이슬라미야는 1993년 1월 1일 말레이지아에서 공식적으로 설립되었다. 이들의 목표는 젊은 무슬림들이 경건한 선조들의 가르침에 따라 엄격하게 행동할 수 있는 진정한 '이슬람 공간'을 만드는 것이다.

조직의 정점에는 아미르(Amir-사령관 또는 지도자)가 있고, 아래에는 4개의 평의회가 있다. 통치위원회, 종교자문위원회, 종교법률위원회, 종교징계위원회가 그것들이다. 이중에 중앙사령부를 감독하는 통치위원회가 가장 중요하다. 자마아 이슬라미야의 회원들은 자마아 이슬라미야를 테러리스트 네트워크가 아닌 종교 운동으로 보고 있다. 운영 자금은 회원들로부터 5%의 세금을 부과하고 있고, 지하드를 목적으로 비무슬림을 강탈하는 등의 범죄 활동을 통해 자금을 조달한다. 자마아 이슬라미야의 공식 회원의 규모를 추산하기는 쉽지 않다.[151]

자마아 이슬라미야는 와하비즘과 몇 가지 특징을 공유하지만, 지하드에 대한 법리 해석과 통치자에 대한 반란의 허용 가능성에 있어서는 차이가 있다. 오히려 자마아 이슬라미야가 자신들을 설명할 때 '살라피'라는 용어를 더 선호한다. 이들은 자마아 이슬라미야가 살라피 조직이며, 살라피 무슬림만이 자기들의 회원이 될 수 있기 때문이다. 하지만 대부분의 인도네시아 살라피들은 자마아 이슬라미야를 자신들의 살라피로 보지 않는다. 좀 더 정확하게 표현하자면, 자마아 이슬라미야를 살라피즘 내에서 지하디스트라는 하위 범주로 분류하고 있다.

자마아 이슬라미야의 최근 동향은 2002년 발리 폭탄 테러 이후 인도네시아 경찰과 정보기관의 단속으로 큰 타격을 입어 지도자의 절반 이상이 체포되었거나 도주 중이다. 그럼에도 불구하고 자마아 이슬라미야는 새로운 환경에 적응하는 상당한 복원력을 보여주었는데, 이전보다 훨씬 더 교묘한 내부 통신망을 구축했기 때문이다. 하지만 지난 2년 동안 자마아 이슬라미야 내부에서는 테러 공격을 선호하는 사람들과, 개종, 교육 및 모집에 치중하기를 원하는 사람들 사이에 균열이 심화하였다. 그러나 이러한 균열로 인하여 테러 위협이 크게 줄어들 것이라고 예상하는 것은 오산이다. 오히려 자마아 이슬라미야가 분열되면, 자신들의 정치적인 입지를 강화하기 위하여 테러 행위를 강화하거나 그 패턴을 다양화할 수도 있다.

### 3) 이슬람수호전선(FPI : Front Pembela Islam)

이슬람수호전선은 인도네시아에서 가장 잘 알려진 이슬람 자경단이다. 이슬람수호전선은 인도네시아 독립기념일인 1998년 8월 17일에 서부 자바에서 리직 시합(Habib Muhammad Rizieq Shihab)과 미스바훌 아남(KH Misbahul Anam)에 의해 설립되었다. 그들은 지역 사회에서 부도덕과 비종교적 행동이 놀라울 정도로 크게 증가되는 것에 대응하여 자경단을 만들었다. 대부분의 다른 이슬람 원리주의 구성원들과는 달리 이슬람수호전선의 대부분은 전통주의자이며, 그들 중 다수는 나흐디아툴 울라마(Nahdiatul Ulama) 배경을 가진 비타위(Betawi)와 반텐(Banten) 주민들이었다. 최근까지 주요 활동은 악덕, 불법 장소에 대한 캠

페인이었다. 홍등 시설, 바, 도박장 및 댄스 클럽에 대한 시위를 주도하거나 폭력을 사용하기도 하였다.

이슬람수호전선이 설립된 목적은 이슬람 신앙을 바탕으로 세상의 부조리와 싸우겠다는 것이었지만, 설립 20년이 지난 후에는 정치적 목적을 가진 조직으로 변화되어 정부와 각을 세우고 경찰과 총격전을 벌이기도 했다. 이슬람수호전선은 인도네시아가 이슬람을 국교로 정하고 철두철미한 샤리아를 적용해야 한다고 주장한다. 인도네시아 조코위 정부는 내무장관, 법무장관, 정통부장관, 검찰총장, 경찰청장, 국가반테러국장(BNPT) 등이 서명한 부처합동명령을 통해 이슬람수호전선의 해산과 활동 금지를 명령했다. (2020년 12월 30일). 정치, 사법, 안보 문제 조정장관인 마흐푸드는 대중 질서와 치안을 침해하는 활동을 자주 해온 이슬람수호전선이 2019년 6월 내무부에 단체등록허가를 연장하지 못함에 따라 더 이상 시민단체로서 활동할 법적 근거를 잃었다고 해산 명령의 근거를 밝혔다. 이슬람수호전선에 대한 해산 조치를 국제사면위원회에서는 국민기본권 침해 소지가 있다고 보았으나, 지속적으로 사회 불안을 야기하던 문제 단체인 이슬람수호전선의 해산을 대부분의 인도네시아 시민들은 환영하고 있다.

## 4. 이슬람 테러 단체에 대한 인도네시아 정부의 대응과 우리의 관심

테러리즘에 대한 인도네시아 정부의 정책은 2002년 발리 폭탄 테러 이후 현저하게 달라졌다. 2002년 10월 이전에는 테러리스트의 위협을 의심하거나 무슬림 공동체의 반발을 두려워하여 그에 대한 조치를 취하는 것을 꺼려하였다. 발리 폭탄 테러 이후 인도네시아 정부는 테러방지법을 제정하였고, 다른 이전 정부보다 더 많은 테러리스트를 기소하고 유죄 판결을 내렸다. 2002년 초 인도네시아 국가정보국이 알카에다 요원인 오마르 알 파루크를 비밀리에 체포하였고, 자마아 이슬라미야와 관련된 아구스 드위카르나를 필리핀 마닐라에서 체포하기도 하였다.

하지만 인도네시아인들은 테러 위협에 대해 양면적인 태도를 보이고 있다. 메가와티 정부는 2002년 말, 유엔에 자마아 이슬라미야를 테러 조직으로 보고하지만, 그 이후 실제적으로 대테러 정책을 시행한 적은 없었다. 이후 유도요노 정부 또한 강력한 대테러 조치를 발표하기는 했지만, 더 많은 증거 확보를 빌미삼아 대테러 정책 시행을 미루었다. 이유는 그 문제가 이슬람 사회에서 정치적으로 매우 민감한 사항이기 때문이다.

우리는 우리의 앞마당에서 이런 일이 일어났고, 일어나고 있다는 사실을 잊지 말자. 이슬람 원리주의에 관한 이야기는 우리와 상관이 없는 일이 아니다. 더구나 우리나라는 이민청을 신설하고, 적극적인 이주민 정책을 시행하려고 한다. 자연히 동남아시아에서 유입될 무슬림 이주민을 생각하지 않을 수 없다. 따라서 우리는 동남아시아의 이슬람 원리주의와 원리주의 단체의 활동에 대한 폭넓은 조사와 이해가 필요하다. 동남아시아 이주민을 통하여 활력을 불어넣으려는 이주민 정책이 오히려 가뜩이나 분열이 심한 한국 사회에 또 다른 분열의 요소가 되지 않을까 심히 염려된다.

## 15장

# 하마스와 이스라엘 전쟁의 진실[152]

지난 2023년 10월 7일 토요일 팔레스타인의 가자 지구에서 하마스를 비롯한 여러 무장 세력들이 이스라엘 남부의 여러 지역을 급습해 수많은 인명을 살상하고 이스라엘인과 외국인을 납치했다. 정치 비평가들은 하마스와 이스라엘의 전쟁을 시온주의자들과 이슬람 원리주의자들의 갈등이라고 평가한다. 필자는 하마스가 이스라엘을 공격한 이유들을 분석하면서 그 기저에 이슬람 원리주의가 자리 잡고 있음을 발견하게 되었다. 그래서 이슬람 원리주의라는 관점에서 하마스와 이스라엘의 전쟁을 살펴보려고 한다.

## 1. 하마스와 이스라엘의 전쟁 상황

2023년 10월 7일 토요일 아침 초막절 축제(Feast of Tabernacle)에 하마스는 이스라엘을 급습했다. 하마스는 수천 발의 로켓포를 퍼붓고 육해공으로 물밀듯이 이스라엘을 기습한 이번 작전을 '뚜판 알악싸(The Flood of al-Aqsa: 알악싸의 홍수)'라고 명명했다. 알악싸 사원은 이슬람에서 세 번째로 중요한 모스크이고, 매주 금요일 무슬림이 기도하는 곳이다. 이번 작전을 하마스가 '알악싸 홍수'라고 명명한 것은 민감한 이슬람 성지 이름을 이용해 전 세계의 무슬림들에게 전쟁 동참을 독려하기 위해서이다. 한때 팔레스타인 자치 정부의 총리를 지냈고, 지금은 하마스의 정치적 리더인 이스마일 하니야(Ismail Haniyeh, 1963-현)는 "우리가 세계에 경고했다. 이번 작전은 피와 불을 볼 것이다. 가자뿐만 아니라 서안 지역의 팔레스타인 무슬림 그리고 해외 팔레스타인 무슬림이 동참해야 한다." 다시 말하면, 가자 지구뿐만 아니라 팔레스타인 땅 전체 그리고 이슬람 움마(이슬람 공동체) 전체가 하마스의 대이스라엘 전쟁에 동참해줄 것을 촉구한 것이다.

이에 대하여 이스라엘은 '철검 작전(Iron Swords)'이라는 이름으로 가자 지구를 봉쇄하고, 전투기로 가자 지구의 무장 세력 집결지를 폭격 중이다. 이스라엘은 예비군 36만 명에게 동원령을 내렸다. 이 숫자는 이스라엘 예비군 중 3/4에 해당하는 숫자이다. 이스라엘은 현역을 포함하여 50만 명이 이번 전쟁에 참전하게 된다. 이스라엘의 이번 보복 작전의 목표는 가자 지구에 사는 팔레스타인 주민들과 하마스 등 무장 세력들을 구분하고, 하마스와 무장 세력들을 발본색원하는 것이다. 문제는 수백 명의 인질을 인간 방패로 삼고, 400킬로미터에 이르는 지하 터널에 잠복해 있는 하마스를 어떻게 공략하느냐 하는 것이다.

## 2. 하마스가 이스라엘을 공격한 이유

그렇다면 왜 하마스가 이스라엘을 급습했을까? 언론에서는 하마스가 이스라엘을 공격한 이유를 여러 가지로 분석하고 있다. 그 내용을 정리해 보자.

### 1) 알-악싸 모스크 문제

동예루살렘에 있는 '알-악싸 모스크'는 이스라엘인과 팔레스타인인 사이의 긴장과 갈등을 그 무엇보다도 더 잘 드러내는 상징이다. 이 모스크는 이슬람교의 3대 성지로 손꼽히는 곳이지만, 이 모스크가 자리한 성전산은 유대교에서 가장 신성시하는 지역이기도 하다. 일부 비평가들은 이번 사건에 기독교를 포함시키려고 하는데, 알악싸 모스크는 모스크일 뿐 기독교와는 상관이 없다. 이번 공격 당시 '알-깟삼 여단'의 사령관 무함마드 알-데이프(Muhammad al Daif)는 이번 폭력 사태는 이른바 "알-악싸 모스크 뜰 안에서 감히 우리 예언자를 모욕한" 이스라엘인들의 "알-악싸 모스크에 대한 일상적인 공격"에 대한 보복이라고 주장한 적이 있다. 하마스는 알악싸 모스크를 이스라엘로부터 해방시켜야 한다고 주장한다.

### 2) 유대인 정착촌 문제

1967년 전쟁으로 이스라엘이 요르단 강 서안을 점령한 이후 이 지역에서 유대인 정착촌이 계속 늘어나고 있다. UN은 2022년 기준 약 70만 명에 달하는 유대인이 해당 지역에 거주하는 것으로 추산했다. 물론 이스라엘은 이에 동의하지 않았으나, UN과 대부분 국가들은 국제법에 따라 이런 이스라엘의 점령 및 유대인 정착촌 건설을 불법으로 규정하고 있다. 또한 올 들어(2023년) 요르단 강 서안에선 극단주의 성향의 이스라엘 정착민들이 팔레스타인 민간인들을 상대로 행한 폭력 사태가 있었는데, UN에 따르면 한 달에 보고된 사건만 100건 이상이라고 했다. UN은 2022년 초부터 자신들의 땅에서 쫓겨난 팔레스타인의 숫자가 400여 명이라고 보고했다.

### 3) 가자 지구에서 입지 확보를 위한 하마스의 선명성 투쟁

2006년 유엔 감시하에 실시된 팔레스타인 자치 정부 수립을 위한 총선에서 서안 지구는 파트흐 당(Fath: 한국 언론에서는 파타라고 함)이, 가자 지구는 하마스가 1위를 차지했다. 총 득표율에서 파트흐 당이 앞섰기 때문에 당연히 파트흐 당이 집권해야 했지만 하마스는 가자 지구를 내주지 않았다. 두 정파는 출발부터 전혀 다른 노선을 걷고 있다. 파트흐 당은 이츠하크 라빈 이스라엘 당시 총리와 야세르 아라파트 PLO 의장 사이에 맺어졌던 오슬로 협정을 '양국 방안'으로 해석하는 온건민족주의 정파이다. 요르단 강 서안과 가자를 통합해 팔레스타인 정부를 세우고 유엔에서 승인받는 것을 목표로 한다. 반면 하마스는 강경한 일국주의를 표방한다. 팔레스타인에서 이스라엘 정부는 물론 유대인 전부를 쫓아내고 팔레스타인 국가를 세우고자 한다.

2014년에 하마스와 갈등을 겪은 이스라엘은 가자 지구에 무장 세력의 침투 및 로켓포 공격을 방어할 완충 지대를 지정했다. 이로 인해 가자 지구 주민들은 거주하거나 농사지을 수 있는 토지를 많이 잃게 되었다. UN에 따르면 가자 지구 거주민의 약 80%가 국제 원조에 의존하고 있으며, 매일 식량 원조에 의존하는 거주민도 약 100만 명에 이른다. 가자 지구의 열악한 생활 환경은 이것뿐만이 아니다. UN에 따르면 2021년 기준 하루에 가자 지구 주민들이 전력을 사용할 수 있는 시간은 13시간에 불과했다. 아울러 세계보건기구(WHO)가 규정한 사람이 마시고, 씻고, 요리하고, 목욕하는 데 필요한 물의 양은 하루에 100리터이나, 가자 지구 주민의 하루 평균 물 소비량은 약 88리터에 그친다. 근래에 일부 아랍 국가로부터의 지원이 줄어 가자 지구의 경제 상황은 더욱 곤란해졌다. 그러나 하마스는 이런 당면한 문제들에 대하여 적절하게 대처하지 못했고, 이에 따른 가자 지구 주민의 분노는 커져만 갔다.

반면, 라말라를 중심으로 한 마흐무드 압바스(Mahmoud Abbbas, 1935-현)가 이끄는 팔레스타인 자치 정부는 국제적으로 대화를 확대해가면서 입지를 강화했다. 이에 따라 가자 지구에 동떨어져 있는 하마스는 장래에 팔레스타인 이슈에서 홀대당할 우려를 갖게 되었다. 뿐만 아니라 지난 2년간 가자 지구에서 '이슬람 지하드(al-Jihad al-Islami)'가 이스라엘과 충돌했는데 하마스가 이런 투쟁에 적극적으로 개입하기를 꺼려했다. 이런 이유로 하마스가 가자 주민들의 민심을 잃어가고 있었다. 이런 상황을 타개할 필요성이 있는 하마스는 선명성을 위하여 이스라엘을 공격했다고 분석한다.

### 4) 가자 지구 봉쇄

런던 전략연구소장 마으문 판디(Mamoun fandi)는 「이스라엘과 역내 혼란」이란 글에서 가자의 봉쇄가 이번 전쟁이 일어난 원인이라고 분석했다. 수년간 이스라엘은 가자 지구의 봉쇄를 지속했고, 이것이 팔레스타인 주민의 삶을 더욱 곤경에 빠뜨렸다. 따라서 이스라엘의 가자 지구 봉쇄는 이 지역의 긴장을 고조시키게 되었다. 가자 지구 봉쇄를 아랍인들은 이스라엘의 부도덕과 권력의 오만으로 보는데 이것이 곧 역내 혼란의 주된 원인이라고 했다.

### 5) 이스라엘과 아랍 세계의 평화 무드 분쇄

아랍 국가들과 이스라엘의 외교 관계를 살펴보면, 이집트와는 캠프데이비드 협정(1979년)이, 요르단과는 평화 협정(1994년)이, 아랍에미레이트와 바레인과는 아브라함 협정(Abraham Accords)이 맺어져 이스라엘이 수교한 아랍 국가는 총 4개국에 이른다. 근래에 미국의 중재로 사우디아라비아와의 관계 정상화를 위한 협의가 진행되고 있다. 이렇게 평화 무드가 형성되면 이란(시아파)에 대한 중동 판 NATO(수니)가 결성되는 것과 마찬가지이다. 이에 이란의 사주를 받은 하마스와 헤즈볼라가 아랍 세계와 이스라엘과의 평화 무드를 분쇄하기 위하여 전쟁을 일으켰다는 것이다.

## 3. 하마스와 이슬람 원리주의

필자는 이런 요인들 외에 하마스-이스라엘 전쟁에는 더 근본적인 요인이 작용하고 있다고 본다. 그것은 이슬람 원리주의이다.(물론 그 상대편에 유대교 원리주의인 시오니즘이 있지만 글의 성격상 이슬람 원리주의에 한정하려고 한다.) 왜 하마스가 그렇게 끈질기게, 악착같이, 무모하게 보이는 전쟁을 수행하는가? 그것은 이슬람 원리주의라는 이데올로기 때문이다.

우선, 하마스와 이슬람 원리주의의 관계를 살펴보자. '하마스'라는 이름은 아랍어 '하라카트 알 무카와마 알 이슬라미야(Harakat al-Muqāwama al-'Islāmiyya)'의 두문자어로, 이는 '이슬람 저항 운동(Islamic Resistance Movement)'이라는 의미이다. 더불어 아랍어 어휘 '하마스'는 알라를 따르는 '헌신과 열정'을 뜻하기도 하고, 내부에서는 '힘과 용기'로 해석되기도 한다.

하마스의 뿌리를 찾아 올라가면 이집트의 이슬람 원리주의 단체인 무슬림 형제단이 있다. 하마스는 요르단, 시리아, 카타르 등 아랍 전역으로 확산된 무슬림 형제단에 감화를 받은 팔레스타인의 이슬람 학자 아흐메드 야신(Ahmed Yasin, 1936-2004)이 1987년에 창립한 정치·종교 단체이다. 하마스는 무슬림 형제단의 직·간접적인 지시를 받고 움직였다. 이를테면 하마스는 무슬림 형제단이 이슬람 원리주의의 공공의 적인 이스라엘을 무너뜨리고, 팔레스타인에 '이슬람 국가'를 세우기 위한 대리자인 셈이다.

앞에서 살펴보았듯이 이슬람 원리주의에는 '무슬림 영토의 방어'라는 사상이 있다. 탈레반의 사상적 후견인으로 알려진 압둘라 아잠(Abdullah Yusuf Azzam, 1941-1989)이 주장한 것으로서, 그는 아프가니스탄에서 비무슬림으로부터 이슬람의 영토를 수호, 회복하는 일을 가장 급선무라고 했다. 이런 원리주의에 입각하여 하마스는 이스라엘을 그 땅에서 축출하고 잃어버린 무슬림의 영토를 회복하려고 한다. 2017년에 선포한 하마스의 강령(charter)에 의하면, 하마스의 목표는 현재의 이스라엘 영토, 요르단 강 서안, 가자 지구를 회복하여 이슬람 팔레스타인 국가를 건설하는 것이다. 하마스는 팔레스타인에서 유대인을 몰아내기 위해선 모든 방법이 정당화된다는 극단적 주장도 공공연하게 한다. 자살 테러, 민간인 살해·납치도 이들에겐 범죄가 아닌 이슬람 팔레스타인 국가를 세우기 위한 '지하드'일 뿐이다.

이만석은 기독일보에 기고한 글 「이스라엘과 팔레스타인 난민의 진실」에서 하마스의 공격 배경을 이렇게 설명했다.

"만일 정착지 문제라면 넓은 땅을 가지고 있는 22개 아랍국에서 얼마든지 이들의 정착지를 제공할 수 있을 것이며 난민들의 복지 문제라면 넘쳐나는 오일 달러의 극히 일부만 후원해도 하루

아침에 해결될 수 있을 것이다. 그러나 그들은 팔레스타인 난민들을 돕지 않는다. 그들의 희생을 통해서 국제 사회가 이스라엘에 대한 증오심을 키우도록 한다. 그리고 자기 자녀들에게 유대인들이 멸망할 때까지 계속 싸우라고 부추기며 이스라엘과 싸우다 죽는 것은 순교이며 이는 무슬림으로서 최대의 영광이라고 가르치고 있다. 아랍인들이 유대인들을 증오하는 근본적인 이유는 팔레스타인에 이스라엘 국가가 독립한 것 때문이 아니라 이슬람의 경전 쿠란과 하디스에 7세기부터 이미 유대인들을 저주하라고 명령하고 있기 때문이다. "믿는 사람들아, 유태교도나 그리스도교도를 벗으로 해서는 안 된다. 그들은 서로서로가 벗이다. 너희들 속에 그들을 벗으로 하는 자가 있으면 이 자들도 그들과 한 통속이다. 알라께서는 무지막지한 백성을 인도하시지는 않으신다. (쿠란 5:51)"

하마스의 산하 무장 단체로 '이즈 앗딘 알깟삼 여단'이 있는데 팔레스타인 저항 운동의 지도자이자 성직자였던 쉐이크 이즈 앗딘 알깟삼을 기리는 의미에서 붙인 이름이다. 그는 1935년에 영국군에 의하여 사살됐는데 현재도 팔레스타인인들에게 영웅시 된다. 팔레스타인에서 사용하는 유명한 로켓 '깟삼' 역시 이 사람의 이름에서 유래했다. 2023년 10월 7일은 1973년 10월 전쟁의 50주년에 되는 날이고, 알깟삼 여단이 창설된 지 36년이 되는 해이다. 알깟삼 여단은 미국과 EU와 영국과 이집트에 의하여 테러 단체로 지목된 바 있다. 언론은 지난 10월 7일 토요일 '하마스'가 이스라엘을 급습했다고 하지만 사실 무장 세력인 알깟삼 여단이 공격한 것이라고 보도했다. 이들은 가자 지구에서 저항과 군사적 활동을 수행한다. 이들의 무장 활동으로 2005년 이스라엘 군이 가자 지구에서 철수했다. 하마스가 2006년 선거에서 승리한 후 가자 지구를 장악했고, 그들의 라이벌인 파트흐를 2007년 가자 지구에서 몰아냈다.[153]

가자 지구에는 1981년에 창설된 '이슬람 지하드' 조직이 있고 이들의 군사 조직은 1987년에 창설된 알꾸드스 대대(saraaya al-Quds)이다. 이들은 가자 지구에서 두 번째로 큰 군사 조직이다. 가자 지구에는 이밖에도 알 나씨르 쌀라흐 알 딘 여단('alwiya al-Nasir salah al-Din, 시민 저항 위원회의 군사 조직) 등 여러 무장 조직이 있다. 따라서 이번 이스라엘 급습에는 오로지 하마스만 참여한 것이 아니다. 그래서 일부 아랍 신문은 '가자의 파싸일'(소규모 군사 집단)이라고 했다. 하마스를 비롯한 무장 정파들의 이념은 한 마디로 말하면 이슬람 원리주의이다.

## 4. 하마스와 이스라엘 간의 충돌을 막기 위한 해법

미국 정부는 이란에게 전쟁에 개입하지 말라고 경고하는 반면, 이스라엘에게 가자 지구를 점령하는 것은 실수하는 것이라고 확전을 막으려고 한다.

사우디아라비아의 언론인 따리끄 알 하미드는 이번 하마스-이스라엘의 전쟁을 중단하려면 다음 몇 가지 질문에 대답할 수 있어야 한다고 했다.[154] 중요한 질문은 다음 두 가지이다. 첫째, 가자 지구 팔레스타인의 자치권을 되돌려 줄 수 있는가? 둘째, 진정성 있는 평화 프로세스가 가능한가?

또한 따리끄 알 하미드는 전쟁 중단의 장애물을 두 가지 지적했는데 다음과 같다. 첫째, 이슬람 원리주의자들이 물러갈 수 있는가? 둘째, 이란의 전쟁 개입을 저지할 수 있는가?

하마스의 행태는 베냐민 네타냐후 이스라엘 극우 연정이 출범한 뒤 더욱 극렬해지는 양상이다. 연정이 유대인 우월주의, 유대교 원리주의자 정당까지 아우르고 있기 때문이다. 이들은 서안 지구와 가자 지구의 자치권조차 인정하지 않는 데다 '최종 목표는 팔레스타인인 전체의 절멸'이라고 밝힐 정도로 과격하다. 이번 전쟁이 '유대인 일국주의(시온주의)'와 '팔레스타인 일국주의(이슬람 원리주의)'의 극한 대결로 치달을 것이란 예측이 나오는 것은 이런 맥락에서다. 이정배는 그의 페이스북에서 "유대인들이 긴 시간 디아스포라의 고통과 설음 속에 살았다면 최소한 팔레스타인 지역에서 남의 고통을 헤아리는 민족이 되었어야 했습니다."55라고 아쉬움을 토로했다.

 필자는 이 전쟁에 이스라엘과 하마스가 일시적인 휴전을 하거나, 설령 이스라엘이 하마스를 멸절시킨다할지라도, 팔레스타인 땅에 이슬람 원리주의가 있는 한 이스라엘- 팔레스타인의 갈등과 투쟁은 끊이지 않을 것으로 생각한다.

# 3부

## 국내 이슬람 원리주의 활동들

**16장**

# 한국 이슬람 현황

이 글은 국내 이슬람 원리주의 활동을 살피는 배경으로 한국 이슬람 현황을 다룬다. 그 내용으로는 한국 이슬람의 전래와 현황, 한국 이슬람의 이슬람화 선교 전략, 한국에서의 무슬림 개종과 무슬림 증가 원인 등이다.

## 1. 한국 이슬람의 전래와 현황

필자는 이집트에서 선교사로서 15년 동안 사역했다. 구체적으로 그 기간은 1989년 4월 26일 부활절부터 2003년 11월 3일까지였다. 그 기간 동안 매일 파즈르(새벽 기도)의 아잔(기도 시간을 알리는 소리)을 들으며 잠자리에서 일어났고, 이사하(잠자기 전 기도)의 아잔을 들으며 잠자리에 들었다. 이것은 이집트 선교사였기 때문에 할 수 있었던 특별한 경험이었다. 그런데 지금 무슬림이 지구의 동쪽 끝자락에 사는 한국인의 이웃이 되고 있다.

한국 무슬림 공동체가 형성되게 된 직접적인 계기는 1950년 한국 전쟁이었다. 유엔군의 일원으로 참여한 튀르키예가 미국 다음으로 많은 여단 규모의 병력을 파견하였다. 이들 중 최초로 한국인을 대상으로 선교를 시도한 사람은 당시 제 6여단 사령부의 군 이맘이었던 '압둘 가푸르 카라이스마일 오굴루(Abdul Gafur Karaismail Oglu)'이었다. 그의 노력으로 한국 무슬림 제 1세대가 형성되었다.

1960년대에 들어와 국내 무슬림 규모가 커지면서 무슬림 국가 지도자들의 방문과 적극적인 지원으로 한국 내 이슬람은 빠르게 성장했다. 1961년에 말레이지아 상원 의원 '우바이둘라', 63년에 말레이시아 국회의장 '하지노아', 1966년에 파키스탄의 종교 지도자 '사이드 무함마드 자밀' 등이 한국을 방문하여 한국 이슬람 선교에 적극적 지지 의사를 표명하고, 물질적인 후원도 아끼지 않았다.

1970-80년대에는 중동 붐이 일어나 많은 한국 인력들이 중동에 진출했다. 이때 한국 무슬림협회는 이 일에 주도적인 역할을 했다. 한국 무슬림협회는 중동의 많은 나라에 서신을 보내 한국의 인력들을 고용해줄 것을 부탁했다. 중동 국가들도 이를 선교적 차원에서 필요하다고 여기고 한국의 고급 인력을 받아들였

다. 그때 중동에 진출하는 인력들이 반드시 해야 했던 일은 '이슬람에 대한 사전 교육'을 이태원 중앙 모스크에서 받는 것이었다. 이로 인해 그 당시 많은 중동의 근로자들이 이슬람 문화와 종교, 무슬림의 관습에 대해 배우곤 했다. 이들 중에 무슬림으로 개종한 사람들이 더러 있었다.

당시 이슬람 국가에서는 한국 이슬람의 발전을 위해 차기 한국 이슬람을 이끌어 갈 '인재 발굴'에 지대한 관심을 보였다. 이들 국가들은 한국 내의 인재들을 초청하여 장학금과 생활비를 지급함으로써 한국 이슬람의 제 2 도약의 발판을 마련했다. 때마침 한국외국어대학교는 중동, 아랍어과를 신설했고, 관련 학생들에게 아랍어와 이슬람을 집중 교육시키고, 무상으로 해외 유학하는 프로그램을 주선해주었다. 이때 유학을 다녀온 젊은 한국 무슬림 인재들이 현재 전국 대학에서 강의하며 이슬람 선교 사역에 지대한 기여를 하고 있으며, 중동에서 일어나는 이슈들에 대하여 이슬람의 입장을 대변하고 있다. 현재 한국에는 이슬람권에서 박사 학위를 받은 20여 명 이상의 한국인 무슬림 박사들이 대학과 신문 방송 등에서 활동하고 있다. 이들이 국내에서 진보 진영과 궤를 같이하여 활동하고 있음도 주목할 필요가 있다.

1980년대 말에는 한국 정부가 외국인 근로자 법을 개정하면서 외국인 근로자들이 증가하게 되었고, 이들 중 동남아시아의 이슬람 국가에서 유입되는 무슬림 수는 급격하게 늘어났다. 한국이슬람중앙회 통계(2020. 10. 20.)에 의하면, 현재 한국인 무슬림 숫자는 약 6만 명이다. 2023년 4월 법무부 통계일보에 의하면, OIC국가[156]에 속한 체류 외국인 수는 264,965명이다. 이제 우리나라는 외국인 무슬림 유입뿐만 아니라 내국인 개종률이 상당하다는 것을 인식하고, 이슬람과 무슬림에 대해 전향적인 관심을 기울여야 한다.

## 2. 한국 이슬람의 이슬람화 선교 전략

2005년 11월 25일에 한국이슬람 50주년 기념식이 열렸다. 50주년을 맞이한 한국 이슬람은 한국의 이슬람화를 위하여 적극적이고 야심찬 선교 전략을 세우게 되었다. 그 당시 '한국이슬람중앙회'가 발표한 한국 무슬림 숫자는 3만 5천명을 넘어서고 있었다. 무슬림 이주근로자들을 포함하여 한국에 있는 무슬림의 숫자는 15만여 명이라고 했다. 50주년 기념식장에서 한국이슬람중앙회는 2020년까지 한국을 이슬람화하겠다는 이슬람 선교계획을 발표하였다. 그 당시 발간된 '한국 이슬람 50년사'에 의하면, 다음과 같은 한국 이슬람화 전략을 소개하고 있다.

① 마스지드(회교 사원) 건립(Construction Plan of New Masjid)

② 국제 이슬람 유치·초등학교 설립(Opening of the International Islamic Primary and Kindergarten)

③ 이슬람 문화센터 설립(Opening of Da'wah Center)

④ 쿠란 번역 위원회(The Holy Quran Translation Committee)

⑤ 이슬람 대학 건립(The Korea Islamic College Project)

⑥ 이슬람 관련 서적 출판 위원회(Translation and Publication Committee)

⑦ 국제결혼을 통한 무슬림 자녀 출산

이와 같은 다양한 선교 전략으로 향후 10년 후 4,500만 한국인의 대부분을 무슬림화하겠다는 것이다. 현재 한국에 있는 모스크는 서울 한남동에 있는 중앙 모스크를 비롯해서 인천, 인천 부평, 인천 가좌, 대전, 광주, 대구 서구, 대구 달서구, 부산, 제주, 경기 광주, 경기 김포, 경기 파주, 경기 포천, 경기 안양, 경기 안산, 경기 연천, 경기 양주, 경기 화성, 전북 전주, 경북 구미, 경남 김해, 경남 창원 등 23곳이다. 뿐만 아니라 무슬림의 기도처소인 '무쌀라'는 관공서 2, 병원 8, 기업 18, 대학 24, 일반 66, 관광지 103 등 도합 221 처소에 설치되었다. (2023)

## 3. 한국에서의 무슬림 개종과 무슬림 증가 원인

최근 연구에 따르면, 한국인들이 무슬림으로 개종하는 일이 빈번하게 일어나고 있다. 2011년 5월 '한겨레신문'에 의하면 현재 이태원 중앙 모스크 앞에 설치된 '이슬람 정보 센터'의 활발한 선교 활동에 의해 개종되는 한국인 숫자가 한 달에 4-5명꼴이라고 한다. 특별히 젊은이들이 개종하고 있다는 사실에 주목할 필요가 있다. 이 정보 센터에서 중심적으로 활동했던 'P'라는 청년은 현재 사우디아라비아에서 유학 중이다. 그 뒤를 이어 여성 무슬림, P와 A자매가 이 정보 센터의 자리를 지키며 개종을 돕고 있다. 실제로 하루에도 십여 명씩 이 정보 센터를 방문하여 이슬람에 대해 관심을 가진 한국인들을 볼 수 있다. 이렇게 볼 때, 실제로 전국적으로 이슬람에 관심을 갖고, 개종하는 숫자는 한 달에 4-5명보다 훨씬 더 많은 숫자가 될 것으로 추정한다.

한국 무슬림 50명을 설문 조사한 결과, 개종자의 92%가 기독교(개신교와 천주교 포함)에서 이슬람으로 개종한 케이스이다. 개종의 이유를 물었더니 기독교의 교리가 불분명한 반면에, 이슬람의 신학은 명확하고, 실천적이기 때문이라고 대답했다. 그러나 심층 설문 조사 결과 이들의 이슬람에 대한 지식은 그리 많지 않은 것으로 파악되었다. 무슬림이라고는 하지만, 귀동냥으로 아는 정도지 이슬람 신앙이 무엇인지 제대로 아는 사람은 많지 않았다. 이들의 개종에는 '한국 기독교의 부패와 타락'이 일정 부분 그 원인으로 작용하고 있음을 확인할 수 있었다. 그런 점에서 한국의 이슬람화를 막는 길 중에 하나는 교회의 갱신이다. 그 외에 한국에서의 무슬림 증가에는 다음과 같은 요인들이 있다.

① 중동 국가들과의 경제적인 밀착 관계

원유 공급, 해외 건설, 해외 금융에 이르기까지 한국과 중동의 이슬람 국가들 간에는 경제적으로 그동안 밀접한 관계를 유지해왔다.

② 한국인의 이슬람 온정주의

한국인은 아프가니스탄, 이라크, 시리아 전쟁 등의 소식을 뉴스를 통해 보고 들으면서 미국을 비롯한 서방을 제국주의 국가로, 중동 국가들을 피해를 당하는 약자로 인식하는 경향이 있다. 일종의 이슬람 온정주의이다. 심지어 2007년 샘물교회 봉사단원인 배형규, 심성민이 아프가니스탄에서 피살되었을 때에도 한국인은 자국인보다 탈레반을 옹호하는 분위기였다. 이슬람 온정주의 형성에는 진보 진영의 입장에 서 있는 신문 방송의 보도 태도가 일정 부분 영향을 미쳤다고 생각한다.

③ 한국인들의 종교성과 종교에 대한 관용

한국인은 종교적이고, 낯선 종교에 대하여서도 관용적이다. 88올림픽을 취재하고 돌아간 사우디아라비아의 한 기자가 신문에 "차기 이슬람화의 대상국은 한국이다."라는 제목의 글을 기고한 적이 있었다. 이 기자가 이런 확신을 갖게 된 이유도 한국인의 종교성을 간파했기 때문이라고 보인다.

④ 한국 사회에 무슬림 노동 인구 유입

경제 발전 단계에서 국민소득이 2만 불 이상이 되면 자국인은 3D업종의 일을 하지 않는다는 사회학적인 이론이 있다. 국내에 이슬람 국가로부터 유입되는 노동자들이 급증하고 있다. 무슬림 노동 인구 유입으로 인한 유럽의 이슬람화가 사회적으로 어떤 영향을 주었는지 반면교사로 삼을 필요가 있다. 유럽의 이슬람화는 1960년에서부터 1980년 사이 전후 유럽 경제 회복을 위한 산업화 추진 과정에서 무슬림 노동력을 받아들인 데서 시작되었다. 그리고 1980-90년대에 이슬람권에서의 전쟁과 혁명으로 인한 무슬림 난민들이 유입됨으로써 그 숫자가 크게 증가하였다. 여기에 출산에 힘입은 자연 증가로 이슬람은 유럽 대륙에서 기독교 다음으로 영향력이 큰 종교 집단이 되었다. 주목할 점은, YouGov 조사에 의하면, 2001년에 유럽 무슬림의 15%가 이슬람 원리주의자라고 응답했는데, 2002년에는 25%, 2006

년에는 40%가 이슬람 원리주의자라고 응답했다는 사실이다. 유럽 사회에 이슬람 원리주의를 추종하는 무슬림들이 폭발적으로 증가하고 있다. 영국 사회가 이슬람화되면서 동시에 테러의 위험과 사회 불안도 증가되었음을 우리는 간과하지 말아야 한다.

### 4. 무슬림으로 개종 했을 때의 폐해와 어려움

무슬림으로 개종한 한국 사람을 찾아 인터뷰하기가 쉽지 않다. 정부 통계에 의하면 이주민 결혼 상황은 해마다 증가하고 있다. 2005년도에 75,011명, 2007년도에는 110,361명, 2009년도에는 125,087명, 그리고 2011년도에는 144,681명이다. 누적 계수이지만, 이들 중 무슬림 국가에서 한국 사람과 결혼한 경우는 2007년에 1054명, 2009년에 3096명, 2011년에 6245명이다. 이 숫자 역시 2009년 이후 급격하게 증가하는 모습을 보인다. 이들은 결혼을 하게 되면 배우자에 의해 자연스럽게 무슬림이 될 수밖에 없고, 그들 사이에서 낳는 자녀들 역시 무슬림이 된다. 이렇게 태어난 제2 세대를 KOSLIM(Korean Muslim)이라고 부른다. 최근 한국 무슬림 사회의 관심 중 하나는 '어떻게 코슬림을 잘 돌볼 것인가?'이다. 이렇게 결혼을 통해 이슬람으로 개종한 사람들 중에 70-80%의 경우가 가정 불화를 겪는다는 통계가 있다. 문화적인 차이, 종교적 강압, 일부다처제, 가정 폭력 등... 다양한 현실적인 문제로 다문화 가정들은 아픔을 겪고 있다. 사회적인 돌봄이 필요한 부분이다.

이상에서 살펴보았듯이 탈종교화 시대임에도 불구하고 한국 이슬람은 꾸준히 성장하고 있다. 그 이유는 국내의 다른 종교들과 달리 한국 이슬람은 적극적이고, 전략적이고, 다양한 포교를 수행해왔기 때문일 것이다. 뿐만 아니라 3D 업종을 회피하는 국내 노동 현실에서 이슬람 국가로부터 유입되는 무슬림 근로자들의 증가는 한국 이슬람교 성장을 견인하는 또 다른 요소라고 생각된다.

### 17장

# 국내 무슬림 이주민 현황[157]

 이 글은 이슬람 원리주의 유입의 통로가 될 가능성이 있는 국내 무슬림 이주민 현황과 무슬림 이주민들로 인해 야기된 문제들을 살펴보는데 그 목적이 있다. 필자는 이슬람을 배경으로 하는 이주민을 반대하는 입장이 아니지만, 유럽 무슬림 이주민 정책의 난항, 국내에서 야기된 무슬림 이주민 관련 이슈들을 다루면서 무슬림 이주민 정책에서 유념해야 할 점을 다루고자 한다.

## 1. 유럽 이주민 정책의 난항

 먼저 무슬림 이주민 정책에 경험이 있는 프랑스, 독일, 영국이 처한 무슬림 이주민 상황을 살펴보고자 한다.

① 프랑스

프랑스의 이주자 비율(13.0%)은 유럽 평균(11.6%)에 비해 높다. 1차 세계 대전 이후 노동력 보강을 위해 알제리·모로코·튀니지로부터 온 무슬림 이주자들을 적극적으로 수용했고, 최근까지도 '관용(tolerance, 똘레랑스)'을 내세워 무슬림 이주자와 난민을 비교적 너그럽게 받아들였다. 이들 무슬림 이주자들은 프랑스 사회에 활력을 불어넣고 비교적 값싼 노동력을 제공하는 등 기여한 점이 많았다. 하지만 '모두가 프랑스인이 되어야 한다.'는 프랑스 이주 정책은 고유문화를 지키고자 하는 무슬림 이주자들을 겉돌게 했고, 이주자들을 주류 사회로 끌어올리는 '사다리' 구축에 실패하면서 이주민 2세들은 저소득·저학력의 대물림에 빠지게 되었다.

근래 프랑스에서 무슬림 이주민 2세로 인하여 정권 교체까지 거론되는 사건이 발생했다. 2023년 6월 27일 프랑스 남부 마르세유에서 경찰 검문을 피해 달아난 알제리계 프랑스 청소년 나엘(17)이 총격으로 사망했다. 그의 장례식이 열린 2023년 7월 1일 오후 파리 북서부 낭테르시의 풍경은 전쟁터를 방불하게 되었다. 장례식장인 '이븐 바디스' 모스크로 향하는 길은 곳곳에 무장 경찰들이 배치됐다. 검은색 복면 차림을 한 경찰은 "대규모 폭력 시위가 발생할 가능성에 대비해 병력이 배치된 상태"라고 했다. 나엘이 숨진 다음 날인 6월 28일부터 폭력 시위가 시작돼 잦아들지 않고 있는 낭테르 중심가는 초토화돼 있었다. 프랑스 내무부에 따르면, 지난 7월 1일까지 전국 50여 도시로 확대된 폭력 시위로 약 3,000명이 체포됐다.

경찰의 과잉 진압을 비난하는 시위가 폭동에 가까운 전국적 혼돈으로 확대된 배경에는 식민지 시절부터 최근까지 이민자 수용에 적극적이었던 프랑스 사회의 곪은 갈등이 터져 나왔다는 분석이 나온다. 뉴욕타임스는 "이번 사건은 많은 이민자를 받아들이면서도 융합에는 실패한 프랑스의 뿌리 깊은 문제를 드러냈다. 이민자들이 모여 사는 낭테르 같은 외곽 도시의 열악한 환경이 초래하는 절망, 열악한 이민자의 실태를 개선하겠다고 약속하고도 손 놓고 있던 정부에 대한 억눌린 분노가 일시에 터져 나왔다."라고 전했다. 가디언은 "이번 사태를 프랑스 사회의 주류와 비주류(이주자)가 충돌하는 내전으로 보는 시각도 있다."고 분석했다.

② 독일

유럽 최대의 경제·인구 대국 독일은 '경제 발전 동력이 되는 합법 이민은 장려하되 불법 이주는 엄단한다.'는 투트랙 기조를 유지하고 있다. 대표 사례가 2023년 5월 브라질과 체결한 '공정한 이민을 위한 의향서'이다. 브라질 간병 인력을 독일로 이주시켜 고령자·환자들을 위한 돌봄 인력으로 활용한다는 구상이다. 1960년대 한국의 간호사와 광부들을 데려가 자국의 보건·개발 인력으로 활용했던 기조가 지금도 이어지는 것이다. 독일은 체류 외국인들이 언어 등에서 일정 수준 이상의 자격을 갖출 경우 취업 기회를 넓혀주는 방향으로 이민법을 개정했다.

반면 올라프 숄츠 총리는 2023년 5월 '무슬림 난민'들의 숙식과 사회 통합 프로그램을 진행하고 있는 지자체에 대한 연방 정부의 추가 지원을 중단하겠다는 방침을 밝혔다. 무슬림 난민 위장 불법 이주자의 정착을 제한하겠다는 의지를 밝힌 것으로 풀이된다. 앞서 독일은 2019년 자격 요건 미달 망명 신청자에 대한 추방 권한을 강화하는 '질서 있는 송환법'을 제정했다.

③ 영국

캐머린(David Cameron) 전 영국 총리는 2011년 2월 5일 독일 뮌헨에서 열린 국제 안보 회의에서 영국의 무슬림 이민 정책이 실패했다고 하면서 다음과 같이 말했다.[158]

> "과거 30년 동안 이뤄진 영국의 다문화주의는 젊은 무슬림이 극단주의에 쉽게 빠지도록 만들었다. 이제 과거의 실패한 정책을 접을 시간이 됐다. 우리는 다문화주의라는 원칙에 따라 별개의 문화들이 주류와 동떨어져 살아가도록 내버려 뒀다. **결국** 우리는 (무슬림 이주자들이) 사회에 소속감을 느낄 만한 비전을 제시

하는 데 실패했다. 무슬림의 문화를 용인함으로써 영국에서 반서방 극단 이슬람주의자가 양성되고 있으며, 이들이 국가의 안보를 위협하는 요인이 되고 있다."

유럽연합(EU) 탈퇴(브렉시트)를 택한 영국은 현실적 해결 방안을 고민했다. 급증하는 자국 내 불법 이주민을 아프리카에서 치안 상황이 비교적 좋은 곳으로 알려진 르완다로 보내기로 한 것이다. 영국은 르완다에 1억 7,000만 달러(약 2,242억 원)를 주고 불법 이주자들을 정착시키는 방안을 추진했다. 사회적 혼란을 방지하고, 인도주의에도 부합한다는 게 제도의 취지였다. 이 같은 방침은 최근 대법원에서 제동이 걸렸다. 다만 대법원의 판결은 제도의 취지는 옳지만, 장소를 다시 물색하라는 것이어서 영국 내 불법 이민자들은 새 정착지를 찾을 가능성이 있다.

유럽의 이민 정책은 2010년대 초반까지만 해도 비교적 안정적으로 유지돼왔으나, 2015년을 전후해 시리아 내전과 I.S. 등 테러 단체의 발호로 중동과 북아프리카 무슬림 난민들이 대량 유입돼 통제가 어려운 상황으로 접어들었다. 각국은 보편적 인도주의와 자국의 치안, 실질적인 국익 사이에서 고심하며 이민 정책의 틀을 다지고 있다.

버나드 루이스(Bernard Lewis) 박사는 유럽의 이슬람화에 대하여 다음과 같이 말했다.

"이대로 가면 두 가지 시나리오밖에 남지 않습니다. 유럽 내 무슬림들이 유럽의 영향을 받아 소위 '유럽화'되거나, 아니면 유럽의 각 국가가 이슬람으로 인해 '이슬람화'되는 두 가지 길만 남아 있는 것입니다. 안타깝게도 첫 번째 시나리오는 실현 가능성이 제로에 가깝다는 것을 누구나 인정할 것입니다. 결국 유럽이 점차 이슬람화된다는 두 번째 시나리오에 무게 중심이 실릴 수밖에 없는데, 정말 큰 일이 아닐 수 없습니다."[159]

유럽의 무슬림 이주 정책의 문제점은 무슬림 이주자들의 사회적 융합에 실패하고 있다는 것이다. 무슬림들은 도시 외곽에 움마(무슬림 공동체)를 형성하여 폐쇄적으로 자기들의 고유문화(종교, 문화, 관습, 히잡 착용, 샤리아 지키기 등)를 지키려고 한다.[160] 이것은 한 나라의 영토 안에 '다른 나라(another state)'가 자리 잡는 것을 의미한다. 이런 무슬림 이주자들의 태도는 스스로 주류 사회의 진입을 포기하고, 2등 국민으로 자리매김하게 되었다. 이주자 2세들은 저소득·저학력의 대물림에 빠져 주류 사회에 대한 불만을 갖게 되었다. 이런 불만이 이슬람 원리주의에 쉽게 빠져들게 하고, 어떤 계기가 있을 때 발화하여 폭력, 폭동, 살인, 테러 등을 일으켜 사회 문제를 야기하곤 한다.

## 2. 이슬람은 왜 이주하는가?

샘 솔로몬 박사는 『이슬람은 왜 이주하는가』라는 책에서 무슬림의 이주를 '자유를 향한 갈망인가, 세계 정복을 위한 이슬람의 전략인가'를 묻고 있다.[161] 무슬림 이주민을 토론할 때 한 번쯤 생각해보아야 할 주제이다.

아랍어 '헤지라'는 '이주'를 뜻한다. 이슬람의 원년은 헤지라, 즉 무함마드가 메카에서 메디나로 이주함으로 시작된다. 샘 솔로몬은 무함마드가 처음부터 헤지라를 '이주의 교리'라는 용어로 교리화하였다고 주장한다.[162] 즉 이주는 이슬람 세력 확장을 위한 중요한 교리적 수단이라는 것이다. 이슬람 확장에는 주로 두 가지 수단이 사용된다. 하나는 무력을 사용한 '칼의 지하드'를 수행하는 것이고, 다른 하나는 무슬림 이주를 통하여 이주 국가에서 '이슬람의 집(Dar al Islam)'을 확장하려는 것이다. 따라서 우리는 다음과 같은 질문을 하지 않을 수 없다.

> "무슬림 이주민 공동체는 자유 사회와 공존하고 통합되기를 원하는가? 아니면 무함마드의 '이주의 교리'에 따라 '이슬람의 집(Dar al Islam)'을 확장하는 교두보가 되기를 원하는가?"

2006년에 리비아 지도자 무아마르 카다피(Muammar Khadafi,

1942-2011)는 수천 명의 군중들 앞에서 다음과 같은 내용의 연설을 했다.[163]

"현재 유럽에는 5천만의 무슬림이 있다. 칼이나 총, 혹은 어떤 정복 전쟁 없이도 알라의 도움으로 이슬람은 유럽에서 승리할 것이다. 5천만의 유럽 무슬림들은 수십 년 안에 유럽을 무슬림 대륙으로 바꿀 것이다."

이슬람의 위협은 자살 폭탄 테러범들의 활동을 통해서만 오는 것이 아니다. 오히려 급증하는 무슬림 이주민으로 인한 서구 사회의 이슬람화를 통해 현실화하고 있음을 놓치지 말아야 할 것이다.

### 3. 한국 사회의 무슬림 이주민과 관련된 몇 가지 이슈들

한국 사회에서 일어났던 무슬림 이주민과 관련된 몇 가지 이슈들을 살펴보자.

#### 1) 예멘 난민 문제

유엔에 따르면 2014년부터 2020년까지 내전으로 인한 예멘의 직간접 사망자 수는 23만 명, 난민 수는 400만 명에 달하고 있다고 한다. 특히 아이들의 피해가 심각한데 최근 유니세프(UNICEF)는 예멘에서 10분당 어린이 1명이 영양실조 등으로 사망하고 있다고 밝혔다.

우리나라에서도 예멘 난민 문제는 뜨거운 논란거리가 되었다. 2018년 549명의 예멘 난민이 제주도로 입국하여 난민 신청을 하면서 여론은 찬반으로 나뉘었다. 난민 수용을 반대하는 논리로 등장한 주요한 근거는 범죄 문제, 국가의 재정 투여 문제, 이슬람에 대한 종교적 편견 등이었다. 전반적으로 반대 여론이 더 높았지만 UN 난민 협약에 가입(1991년)되어 있고, 난민법이 제정(2012년)된 나라인 한국이 이들을 거부할 경우 국제적인 비난을 면하기 어려울 것이다. 우여곡절 끝에 제주도 난민 문제는 2018년 12월 정부가 난민 심사 결과를 발표하면서 일단락되었다. 484명에 대한 난민 심사가 이뤄졌고, 심사 결과 난민 인정자는 단 2명, 인도적 체류허가자는 412명으로 결정되었다. 한국의 난민 인정률은 난민 신청자 대비 0.4%에 그치고 있다.

우리 곁에 삶의 근거지를 잃고 나그네로 온 난민을 돌보는 것은 마땅한 일이다.

> "너희는 나그네를 사랑하라 전에 너희도 애굽 땅에서 나그네 되었음이니라."(신명기 10장 19절)

> "내가 주릴 때에 너희가 먹을 것을 주었고, 목마를 때에 마시게 하였고, 나그네 되었을 때에 영접하였고."(마태복음 25장 35절)

그러나 가장 좋은 난민의 정착지는 동일문화권, 동일종교권, 동일언어권이라는 사실도 간과하지 말자.

### 2) 이슬람 채권 수쿠크(Sukuk) 면세 특혜법 문제

이 법의 공식 명칭은 조세특례제한법이다. 수쿠크 면세 특혜법은 수쿠크란 특정 금융 상품에 대해서는 국세와 지방세 7개(양도소득세, 법인세, 부가가치세, 취득세, 등록세, 배당소득세, 이자소득세)나 되는 세금을 모두 면제해주자는 법이다. 수쿠크란 리바(Riba-이자)를 금지하는 샤리아에 따라 이자 대신 임대료, 배당, 양도소득 등을 지급하는 이슬람만의 독특한 채권을 말한다.

> "이자 받아 먹는 자들은 사탄의 일격을 받고 넘어진 자처럼 일어날 수밖에 없다. 이 자들은 '장사도 이자를 취하는 것과 같다.' 라고 말한다. 알라께서는 장사를 허용하시고 이자를 취하는 것을 금하셨다. 주의 말씀을 듣고 이것을 그만둔 자는 여태까지 벌은 것은 그냥 두신다. 그는 알라의 뜻에 따른 것이다. 그러나 또 다시 돌아가는 자는 지옥불의 주민이 되어 영원히 그곳에서 살 것이다."(쿠란 2:275)

정부는 유독 이 수쿠크에 대해서만 일체의 세금을 면제해주는 무리한 조치를 강행하려고 하였다. 세계적으로 수쿠크에 대해 세금을 면제해 주는 나라는 영국, 싱가포르, 아일랜드뿐이며, 이들도 취득세 정도를 면제해준다. 수쿠크가 한국 사회에 문제가 되는 것은 다음과 같은 요인 때문이었다.

① 수쿠크는 이슬람 확산을 위한 자금으로 조성된 것이다.
수쿠크는 금융 지하드의 일종이다. 수쿠크는 1980년대 초 이집트의 '무슬림 형제단'에 의해 창안 된 전 세계를 이슬람화하기 위한 전략적인 도구이다.

② 수쿠크는 경제 원리로 운용되는 것이 아니라 종교 원리로 운용된다.
수쿠크는 반드시 이슬람 종교 지도자들로 구성된 샤리아 위원회를 설치해야 하며, 그 위원회는 자금 운용에 대한 모든 결정 권한을 가진다. 즉 수쿠크는 국내법보다 샤리아의 권위가 우선시 되는 구조이다. 수쿠크는 경제 논리와 무관하게 샤리아에 저촉되는 경우라면 언제라도 자금을 회수해가는 특성을 지닌다. 따라서 수쿠크 운용 기간 내내 샤리아 위원회의 감시와 통제를 받게 된다. 샤리아 위원회 위원은 종교 지도자이자 금융 전문가, 변호사이어야 한다는 등 요건이 까다로워 해당자가 전

세계에 70명 내외에 불과하다. 이들 대부분이 이슬람 원리주의 단체의 고문이나 자문위원 등으로 연결되어 있다는 것은 이미 확인된 사실이다.

③ 실제로 수쿠크 수익의 일정분이 이슬람 원리주의 활동에 제공된 경우도 있다.

샤리아는 무슬림이 벌어들인 소득 중에서 2.5%는 반드시 자카트(구제금)로 내도록 되어 있고, 자카트의 사용처 중에는 이슬람 지하드도 있다. 이때 '하왈라'라는 이슬람 고유의 송금 방식을 활용하는데, 이것은 거래가 완료되면 관련 자료를 폐기하는 것으로 자금의 흐름 파악을 불가능하게 만든다. 수쿠크는 서방 세계에서 테러 지원 의혹이 지속적으로 제기되는 위험한 자금이다.

### 3) 할랄푸드 문제

연합뉴스는 "문화체육관광부 관계자는 '돼지고기 섭취를 꺼리는 이슬람권 관광객들이 이용할 수 있는 식당을 확산시키기 위해 2016년부터 무슬림 친화 식당 등급 제도를 시행할 것이라고 밝혔다. 무슬림 친화 식당 등급 제도는 할랄 인증(Halal certified), 자가 인증(Self certified), 무슬림 우호(Muslim Friendly), 무슬림 환영(Muslim welcome), 돼지고기 미사용(Pork Free) 등 5단계로 운영된다."고 보도했다.[164] 익산의 '이슬람 식품 전용 단지 보도 자료'에는, "정부가 익산 국가 식품 클러스터 내에 할랄 식품 전용 생산, 물류 단지를 조성하고 한국식품연구원 할랄 식품 사업단을 출범시키는 등 할랄 식품 육성에 적극 나서기로 하면서 전라북도가 '제2의 중동 붐'을 맞을 수 있을지 주목된다."라는 내용이 있다.[165]

2015년 3월 초 박근혜 전 대통령이 중동 4개국을 순방했다. 순방 중에 관광 분야에 대한 양해 각서에 서명을 했는데 이에 따라 앞으로 급속히 늘어날 무슬림 관광객들을 맞이하기 위해서 인프라 구축을 지시했다. 따라서 "제2의 중동 붐을 잡아라." "17억 무슬림들의 먹거리를 공급하라." "무슬림들이 여행 중 어디서나 쉽게 기도처를 찾을 수 있도록 무슬림 기도처를 늘려라." "할랄 식당을 늘리고 전국의 식당을 이슬람 친화 정도에 따라서 5개 등급으로 나눠라." "할랄 전용 도축장을 만들어라." 등 걷잡을 수 없는 속도로 정부 주도적인 이슬람화 구호와 시행 지침들이 쏟아져 나오고 있다.

할랄 식품이란 무엇인가? 할랄(Halal)이란 '이슬람 율법에 의해 허용된 것'을 말한다. '할랄 식품'이란 '이슬람 율법에 의해 허용된 식품'을 말한다. 반면 하람(Haram)이란 '해서는 안 되는 금지 사항'을 말한다. 할랄은 위생이나 웰빙과는 전혀 관계가 없다. 육류는 샤리아에 명시된 도축 방법인 다비하(Dhabihah)에 의해서 잡은 것들만 먹을 수 있도록 허용한다. 그러면 할랄 도축 방식이란 무엇인가? 이만석은 이란에서의 할랄 도축 방법을 아래와 같이 소개했다.[166]

① 무슬림이 도축해야 한다.

② 죽을 때 사우디아라비아의 메카 방향으로 짐승의 머리를 두어야 한다.

③ 혈관을 끊을 때 '비스밀라(알라의 이름으로)'라고 외쳐야 한다.

④ 예리한 칼로 단숨에 목의 혈관과 기도를 끊어야 한다.

⑤ 피를 완전히 빼야 한다.

⑥ 피를 빼기 전에 죽은 짐승은 먹으면 안 된다.

⑦ 개나 돼지는 먹을 수 없다.

⑧ 사냥한 짐승은 먹어도 되지만 사냥개나 매가 일부분을 먹었다면 먹어서는 안 된다.

⑨ 비늘 없는 생선을 먹을 수 없다.

⑩ 타 종교 의식에 사용되었던 것은 먹어서는 안 된다.

이런 규정들을 볼 때 할랄 식품은 종교 식품일 뿐 위생과 청결 등을 고려한 웰빙, 건강식품이 아님을 알 수 있다. 할랄 식품을 육성하여 18억 무슬림의 먹거리를 제공할 수 있다는 생각은 순진한 발상이다. 그 이유는 다음과 같다.

① 이미 할랄 식품은 말레이시아, 인도네시아, 싱가포르, 태국이 오래 전에 선점했다.

② 18억 무슬림 중에 우리가 수출할 할랄 식품을 구입해서 먹을 무슬림들이 많지 않다. 이슬람 국가 대부분이 빈부격차가 심하다. 국내에서 제조한 할랄 식품은 높은 인건비, 값비싼 식자재 등으로 가격 경쟁력이 떨어진다. 따라서 고가의 한국산 할랄 식품을 먹을 무슬림들이 많지 않다.

③ 무슬림이 반드시 할랄 식품만을 섭취해야 하는 것도 아니다. 현지에서 보면 무슬림이 할랄 식품과는 전혀 관계가 없는 한국 식당의 음식을 먹는 경우가 많다. 쿠란에 보면, '고의가 아니고 어쩔 수 없이 먹었을 경우, 필요하여 또는 알지 못하여 금지된 것을 먹었을 경우에는 죄악이 아니다.'고 분명히 명시되어 있다. 따라서 타 문화권에 사는 무슬림이 반드시 할랄 음식을 의무적으로 먹어야 하는 것은 아니고, 필요하면 금지된 음식도 먹을 수 있다.

### 4. 한국 무슬림 이주 정책에 있어서 주의해야 할 점

우리나라는 향후 10년 이내에 이주민 1,000만 명 시대에 돌입할 것이라고 한다. 장기간 예산 투입에도 저출산·고령화 문제가 뚜렷이 개선되지 않기 때문에 어쩌면 이민 정책의 확대는 노동 인구 확보의 거의 유일한 대안일지 모른다. 이민 정책 설계를 총괄하는 한동훈 법무부 장관은 2023년 7월 11일 국민일보에 이같이 밝혔다.

> "이민 정책에 성공했다고 단언할 수 있는 선진국은 없지만, 이민 정책을 하지 않는 선진국은 없다. 지금 시기를 놓치면 10년 뒤에 '왜 그때 하지 않았는지' 후회하게 될 것이라 생각한다."

시간이 흐르는 사이 전문성을 갖춘 산업 인력은 이미 전 세계 국가들의 쟁탈 대상이 되고 있다. 전 세계 이주민들이 가장 가고 싶어 하는 미국마저도 새로운 이민 정책을 강조한다. 미국 인구는 2021년 7월부터 지난해 7월 사이 단 0.38% 증가했을 뿐이다. 브루킹스연구소는 "이민 증가가 없었다면 역사적 최저치(0.16%)에 가까웠을 것"이라고 했다. 인구 20% 이상이 이민자인 캐나다는 올해부터 2025년까지 "150만 명 이상의 이민자를 수용하겠다."는 계획을 밝혔다. 호주는 "인구를 늘리지 않으면 멸망한다(populate or perish)"는 구호를 내걸고 이민자를 받아들이고 있다. 일본은 저숙련 인력의 영주 가능성을 열어두는 한편 10년 전부터는 '고급 인재' 중심의 유치 전략도 함께 강화했다. 올 들어 '특별고도인재'(J-Skip) 비자를 도입했고, 특정 기술이 있는 외국인이 무기한 체류할 수 있는 산업 분야를 3개에서 12개로 늘렸다.

우리나라도 이민 정책의 확대는 선택이 아닌 필수가 됐고, 오히려 문제는 '받을 것이냐 말 것이냐'가 아니라 '어떻게 오게 할 것이냐'가 되었다. 이제까지의 이주민 정책으로는 이민자의 정착, 사회 통합을 달성하기에 쉽지 않다고 본다. 무조건 '문'을 열기 전에 이주자들이 기존 사회에 동화, 융합할 수 있도록 그 대책이 촘촘히 마련되어야 할 것이다.

이제 이슬람 배경의 이주민 확대는 피할 수 없게 되었다. 정책 당국은 특별히 무슬림 이주민 경험이 있는 유럽의 정책을 깊이 연구하여 시행해야 할 것이다. 우리는 무슬림 이주민을 비롯하여 모든 이주민들이 우리 사회에 활력을 불어넣고 지속 발전 가능한 공동체를 만드는 일에 기여하도록 하고, 그들의 '코리언 드림'이 성취되도록 진정으로 도와야 할 것이다. 무슬림 이주민들이 이슬람 원리주의 유입 통로가 되어 우리 사회를 불안하게 하는 요소가 되어서는 결코 안 된다.

18장

# 국내 이슬람 원리주의 활동들

이 글은 국내 이슬람 테러리즘의 가능성을 알아보기 위하여 국내 이슬람 원리주의 활동의 흔적을 살펴보는데 그 목적이 있다. 따라서 국내 신문에 보도된 이슬람 원리주의에 관련된 기사들을 주목하고, 이슬람 테러리즘에 대한 대책을 강구하고자 한다.

한국에 무슬림이 유입되는 상황을 보는 한국 사회의 시각은 다양하다. 일반적으로 '매파'와 '비둘기파'로 나뉜다. 매파의 입장은 이른바 '이슬람이 몰려온다.'는 표어가 함의하듯이 무슬림의 유입에 대한 한국 사회의 경각심을 고취하려고 한다. 반면, 비둘기파는 "이슬람에 대한 기본 이해도 없는 한국 사회에 위기감을 조성하지 말고, 무슬림이 오는 것을 오히려 우리 사회에 활력을 불어넣을 기회로 삼자."는 다소 낙관적인 태도를 취하고 있다.[167]

지난 2009년 4월 18일, 감리교 신학대학교에서 '한국선교신학회' 주관으로 '이슬람 선교 포럼'이 열렸다. 그 자리에서 '이슬람 포비아(phobia)'라는 말이 나왔다.[168] 필자는 "한국 사회가 이슬람 포비아를 갖게 된 원인은 이슬람 테러리스트들의 총구와 칼 끝에 있었다."라고 비판해야 정직하다고 생각한다. 고 김선일의 참수 현장을 비디오 필름으로 접하고, 총탄으로 벌집처럼 쑤셔놓은 고 배형규, 고 심성민의 싸늘한 시신을 받아 든 한국 사회는 이슬람을 다시 보게 되었다. 케펠은 이슬람 원리주의자들이 그들의 참수 행위를 비디오로 송출하는 목적을 '서구가 그들의 행동으로 인해서 두려움에 떨도록 하는 것이다.'라고 지적하였다.[169] 케펠의 지적대로 한국 사회는 이슬람 원리주의자들의 비인간적인 행동들을 보고서 비로소 '포비아(phobia-공포)'를 느끼기 시작했다.

### 1. 한국은 이슬람 테러리즘에서 안전한가?

국가정보원 원장을 역임한 김승규는 "저의 가장 큰 걱정은 북한 문제와 이슬람의 다가옴입니다."라고 고백한 적이 있다. 그의 걱정이 현실이 되어 북한의 소행으로 2010년 3월 26일에 천안함 폭침 사건, 2010년 11월 23일에 연평도 포격 사건이 일어났다. 그렇다면 왜 이슬람이 걱정될까? 그것은 한국도 이슬람 테러로부터 안전하지 않기 때문이다. 필자는 오래전부터 한국에서의 이슬람 테러리즘에 대하여 관심을 가지고, 보도되는 관련 기사들을 스크랩했다. 기사 중 몇 꼭지를 소개한다.

2008년 9월 22일 MBC는 '뉴스투데이'라는 프로그램에서 다음과 같이 보도했다.

> "국정원은 한국 주재 외국 공관에 대한 테러를 모의하던 '자마아 이슬라미야'(알카에다의 동남아 조직) 조직원 8명을 적발해 강제 출국 조치했습니다. 올해 들어 '탈레반'과 연계해 마약을 밀거래하던 중동 국가 출신 4명과 서남아 국가 출신 2명을 구속했습니다. 국정원은 이처럼 지난 2003년부터 최근까지 모두 19차례에 걸쳐 국내에서 신분을 속이고 활동해 온 해외 테러 세력 74명을 적발해 출국 조치했다는 보고를 했다고 국회 정보위 소속 민주당 원혜영 의원이 밝혔습니다."

2014년 한국 청년 '김모군(18)'이 터키 국경을 넘어 I.S.에 가담한 것이 거의 확실시되자 한국인들은 충격에 휩싸였다. 더 놀라운 것은 김군 이야기가 매스컴을 타자 "멋지다. 나도 I.S.에 가담하고 싶다. I.S.에 가담하는 방법을 알려 달라."는 황당한 반응들이 나오고 있다는 사실이다.

2015년 11월 3일에 발생한 '파리 연쇄 이슬람 테러 사건' 이후 I.S.는 I.S. 격퇴에 연합한 60개국을 테러 대상국으로 선정해서 발표했는데, 여기에 한국도 포함되어 있다. 최근에는 I.S. 깃발(누스라 깃발)을 북한산과 광화문에서 휘날린 외국인 무슬림 청년이 있었다. 국가 정보원은 지난 5년간 이슬람 테러와 관련하여 추방한 외국인의 숫자를 51명이라고 보고한 바 있다.

2019년 7월 4일에 KBS는 'I.S.를 추종하는 20대 남성이 자생적 테러를 준비하기 위하여 군 복무 중 군용폭발물 점화 장치를 훔친 혐의를 적발했다.'고 보도했다. 국내에서 I.S.와 연관되어 자생적 테러를 준비한 첫 번째 사례이다. 군경합동 조사 결과 '박 씨'는 I.S. 대원과 지지자들이 사용하는 비밀 애플리케이션을 자신의 휴대 전화에 설치했고, 2016년 I.S. 조직원으로 추정되는 인물로부터 이메일을 받은 정황도 확인하였다. 앞서 경찰은 지난해 미연방수사국(FBI)으로부터 관련 첩보를 전달받아 내사를 진행하다가 박 씨가 군 복무 중인 사실을 확인하고, 군과 함께 수사해온 것으로 알려졌다. 박 씨의 혐의가 확정될 경우 내국인으로서 테러방지법[170]으로 유죄 판결을 받는 첫 사례가 될 것이다.

2019년 11월 21일에 국민일보는 '해외 테러 단체 송금 20대 외국인 첫 구속'이란 제목의 기사를 보도했다. 보도 내용은 다음과 같다.

"해외의 테러 단체에 테러 자금을 보낸 20대 외국인이 경찰에 붙잡혔다. 테러 단체 지원을 위해 돈을 보낸 혐의로 구속된 것은 처음이다. 20일 경찰에 따르면 서울지방경찰청은 지난달 20대 카자흐스탄인 남성 A씨를 '공중 등 협박 목적을 위한 자금 조달 행위의 금지에 관한 법률'(테러자금금지법) 위반 혐의로 구속해 검찰에 송치했다. 2016년 한국에 들어온 A씨는 테러 단체에 총 118만원을 송금한 혐의를 받고 있다. A씨는 경남의 한 공단에 근무하면서 다른 외국인 노동자들에게 돈을 넘겨받은 것으로 알려졌다. 일부 언론은 이날 A씨가 자금을 보낸 곳이 중앙아시아 등지에서 활동하는 이슬람 테러 단체라고 보도했다. 검거 당시 A씨는 불법 체류자 신분이었던 것으로 드러났다. A씨는 혐의를 대체적으로 인정하고 있다고 전해졌다."

2022년 3월 18일에 '뉴시스'는 '이슬람 극단주의 단체에 테러 자금을 지원한 혐의로 1심에서 실형을 선고받은 우즈베키스탄인 20대의 항소가 기각됐다.'라는 기사를 보도했다.

"대구지법 제4형사 항소부(부장판사 이영화)는 18일 국민 보호와 공공 안전을 위한 테러방지법 위반 등 혐의로 기소된 A(28)씨 항소심에서 원심과 같이 징역 10개월에 추징금 45만원을 선고했다. 재판부는 '원심의 증인, 진술 그 외 피고인이 조사받을 때의 진술 등을 종합하면 피고인의 주장을 받아들이기 어렵다.'며 '피고인을 유죄로 판단한 원심이 정당하게 보이며 징역 10개월의 형은 적정하다.'고 판시했다. A씨는 2020년 5월 22일 테러자금임을 알면서도 자금을 조달해 테러 단체에 45만원을 제공한 혐의로 재판에 넘겨졌다. 2020년도 라마단 기간인 4월 23일부터 5월 22일 사이 대구 서구 이슬람 사원을 방문한 B씨로부터 '시리아 전투 대원들에게 전쟁 대금이 필요하다. 헌금해 달라.'는 취지의 자금 지원 요청을 받고 이 같은 범행을 저지른 것으로 조사됐다. 시리아에서 활동 중인 알 누스라 전선의 조직원과 텔레그램 등의 수단을 통해 수시로 연락을 주고받던 B씨는 국내 거주 무슬림을 상대로 테러 단체들을 선전하고 국내에서 모금한 자금을 소위 '환치기' 업자를 통해 알 누스라 전선에 자금을 지원하기로 마음먹은 것으로 드러났다. 1심은 '피고인은 알 누스라 전선을 지원함과 동시에 단체를 이롭게 할 목적으로 자금을 제공했다.'며 '자금의 액수와 상관없이 그 자체로 테러 단체의 활동을 용이하게 만들기 때문에 국제 평화와 국가·공공의 안전을 저해할 위험이 크다.'고 징역 10개월에 추징금 45만원을 신고했다."

신문에 보도된 바와 같이 한국도 이슬람 테러로부터 안전하지 않다. 이런 현실에서 한국에 무슬림이 유입되는 상황을 예의 주시하지 않을 수 없다.

주의 깊게 살펴보아야 할 사항은 "'코슬림'(Koslim-한국인 무슬림 2세대)이다. 국내 테러 발생 가능성과 관련하여 무슬림 2세대를 주목해야 한다."고 경고한 보도가 있다.[171] 이들이 '외로운 늑대(lone wolf)'가 되어 테러를 일으킬 가능성을 우려한 것이다. 시리아 내전이나 이라크에서의 I.S.의 패퇴가 곧 이슬람 원리주의의 후퇴 혹은 종언이라고 생각해서는 안 될 것이다. 세계 곳곳의 많은 나라에서도 크고 작은 무장 단체가 I.S. 혹은 알 카에다와 연계되어 활동하고 있다. 외로운 늑대형의 테러 또한 계속 일어나고 있다.

## 2. 이슬람 테러리즘에 대한 대책은?

그러면 국내에서도 발생할 수 있는 이슬람 테러리즘에 대한 대책은 무엇일까?

### 1) 이슬람을 바로 알고, 바로 알리자.

우리는 이슬람에 대하여 너무 모른다. 알려고도 하지 않는다. 이슬람 원리주의 운동에 대처하기 위하여 이슬람을 알아야 한다. 우리 사회가 이슬람 원리주의를 냉정하게 평가, 비판할 수 있도록 상설 '이슬람 연구소' 설립도 필요하다. 다양한 이슬람 원리주의 활동을 조사하여 한국 사회에 지속적으로 소개하고, 경각심을 갖도록 해야 할 것이다.

### 2) 이슬람 문화 유입을 신중히 하자.

에릭 제무르가 말한 대로, 1968년 5월 프랑스에서 일어난 사회 변혁 운동인 68혁명 이후에 프랑스는 스스로 자살의 길을 선택했다. 그 이유는 프랑스가 이민자와 이슬람에 대해서 도가 넘치는 '관용 정책(tolerance-똘레랑스)'을 펼쳤기 때문이다. 지금 프랑스는 유럽 국가들 중에서 가장 많은 무슬림이 살고 있다. 그 결과 프랑스는 이슬람 문제로 가장 심각한 몸살을 앓고 있다.

한국도 이슬람 종교 정책 시행에 신중해야 한다. 수쿠크(이슬람 채권) 도입, 할랄 푸드 정책, 무슬림 난민 및 이주민 정책 등을 면밀히 검토하고 신중하게 시행해야 한다. 소 잃고 외양간을 고쳐서는 안 된다. 그러므로 정부 당국은 이슬람 문제의 심각성을 깨닫고, 이슬람 테러와 연관될 법한 것들을 미연에 방지해야 한다.

### 3) 무슬림 이주자들의 정착을 돕자.

우리는 무슬림들의 신앙 스펙트럼이 매우 넓다는 것을 안다. 어떤 무슬림은 쿠란을 다 외우고 이교도에 대해 이슬람을 전파하고자 하는 열망에 불타는 자들도 있고, 어떤 무슬림은 쿠란을 한 번도 읽어본 적이 없는 형식적인 무슬림도 있다.

한국 사회가 일반적으로 접하게 되는 무슬림은 대다수 일자리를 찾아 온 근로자들이다. 무슬림을 만났을 때 '이슬람은 곧 폭력이다.'라는 편견을 버리고, 그들의 정착을 성심성의껏 도와주자. 그들은 타국 생활에 불안해하고, 외로움을 느끼고, 도움을 원하는 나그네일 뿐이다.

또한 반대로 지구상에는 여전히 기독교인이 '소수자'로 살아가는 곳이 많다. 이슬람권, 힌두교권, 불교권, 공산권……그들은 바다 한가운데 있는 고도처럼 그곳에서 힘들게 살아가고 있다. 그런 기독교인 형제자매를 생각해서라도 우리 곁에 가까이 온 무슬림 이주민들을 돕고 사랑하자.

세계화 시대에 누구도 무슬림의 유입을 막을 수는 없다. 더구나 우리나라는 원유 수입, 중동 건설, 원전 수출, 방산 수출 등으로 이슬람 국가들과 경제적으로 밀착되어 있어 왕래가 빈번할 수밖에 없다. 또한 저출산, 고령화 등을 고려할 때 무슬림 이주자 확대 정책은 선택이 아닌 필수가 됐다. 그렇지만 이슬람 종교에 대하여 경계심을 가져야 한다. 이슬람을 우리가 이전에 경험한 불교나 유교나 천도교 정도의 종교로 여기면 사달이 난다. 우리는 위에서 국내 신문 보도를 통하여 이슬람이 배태하고 있는 이슬람 원리주의란 씨앗을 보았다. 그 어디에도 이슬람 테러의 안전지대는 없다. 한국이라 할지라도 예외가 될 수 없다.

**나가는 말**

# 이슬람을 경계해야 하는 이유

이제까지 살펴본 바와 같이 이슬람은 이슬람 원리주의란 씨앗을 배태하고 있다. 이슬람 원리주의란 씨앗은 적절한 정치, 사회, 경제적 환경이 조성되면 발아하여 이슬람 테러리즘을 꽃피운다. 앞으로도 그럴 것이다. 다만 다음 두 가지 질문에 대한 대답이 무엇이냐에 따라서 결과가 달라질 수도 있을 것이다. 두 가지 질문이란 엉뚱하지만 절실하고 필요한 질문이다. 하나는 '이슬람 원리주의를 재해석할 수 있을까?'이고, 또 다른 하나는 '정치, 사회, 경제적 환경을 유토피아처럼 개선할 수 있을까?'이다. 이제 그 질문들을 생각해보자.

### 1) 이슬람 원리주의를 재해석할 수 있을까?

구체적으로 이 질문은 '이슬람 원리주의가 이슬람 테러리즘으로 발전하지 않도록 새롭게 재해석할 수 있을까?'이다.

이슬람 원리주의의 목표는 한 마디로 '지하드를 통하여 이슬람 신정 국가를 건설하는 것'이다. 이슬람 원리주의는 이슬람 신정 국가 건설을 방해하는 요소들을 제거하기 위하여 지하드를 수행한다. 이슬람 신정 국가 건설을 방해하는 요소는 역사적으로 다양했다. 예를 들어 1979년 이전에는 이슬람권 내부의 우상 숭배, 종파가 그 방해 요소였다면 그 이후에는 서구, 기독교, 자본주의가 그 방해 요소로 인식되었다. 그런 점에서 이슬람 테러리즘의 원인을 유독 제국주의의 침탈, 사회 경제적 불평등 등 특정 요인으로만 한정하는 것은 보고 싶은 것만 보려는 착시 현상에 불과하다.

이슬람 원리주의는 이 세계를 '이슬람의 집(Dar-al-Islam, Home of Islam)'과 '전쟁의 집(Dar-al-Harb, Home of hostility)'이란 극단적인 이분법으로 구분하여 종교, 문화의 다양성을 거부한다. 즉 다른 종교와 문화를 절대로 인정하지 않는 일종의 종교적 획일주의이고, 문화적 배타주의이다. 이 때문에 근대 이후의 문화적 상대주의와 종교적 다원주의 환경에서 이슬람 원리주의의 외침은 가는 곳곳마다 충돌을 일으킨다. 이제까지 이슬람의 역사를 볼 때 이슬람 원리주의는 온건해지기보다는 나날이 급진화되고, 폭력화되었다. 그래서 작금 이슬람 원리주의자들은 이슬람 테러리스트로 인식되기에 이르렀다.

현재 이슬람을 이끄는 것은 이슬람 세계의 가장 오래된 대학인 '알 아즈하르 대학교'가 아니고, 이슬람 세속 정부의 정치 지도자들도 아니다. 이슬람 원리주의가 이슬람을 이끌고 간다. 이슬람 원리주의자들은 보통 무슬림들에 비해 신앙적인 우월감을 가지고 있다. 그들은 지하드에 참여하지 않는 무슬림을 우습게 여긴다. 어쩌면 속으로 '너도 무슬림이냐?'라고 조롱하고 있을지 모른다. 보통 무슬림들은 이슬람 원리주의자들 앞에 서면 한없이 작아진다. 신앙적인 열등감을 느낀다. 이것이 필자가 본 무슬림들의 처지이다.

따라서 이슬람이 인류의 보편적인 가치인 인권, 평화를 지향하는 종교로 인정받으려면 이슬람 세계가 이슬람 원리주의를 재해석하는 지난한 개혁의 과정이 필요하리라고 본다. 50여 개국에서 온 100명의 학자들과 각국의 종교성 장관들이 참여한 제 24차 세계 이슬람 회의가 '이슬람의 위대함과 일부 회원들의 잘못 그리고 시정 방안'이라는 주제로 2015년 2월 말 이집트 카이로 콘라드(Conrad) 호텔에서 열렸다. 그 회의에서 이집트 종교성 장관 무함마드 무크타르 고므아는 "이번 대회를 통하여 지즈야(인두세), 지하드, 타크피르, IS(이슬람 국가), 다르 알 쿠프르 등의 말을 추방해야 하며, 무슬림들이 저지른 잘못들을 연구하여 그 해법을 제시해야 한다."고 주장했다.[172]

문제는 이슬람 원리주의자들이 이즈티하드[173]의 문을 닫는데 있다. 그런 여건을 극복하고 이슬람 원리주의를 이슬람 테러리즘으로 발전하지 않도록 새롭게 재해석할 수 있을까? 그 결과에 따라 이슬람을 보는 세상의 시각은 달라질 수 있을 것이다.

## 2) 정치, 사회, 경제적 환경을 유토피아처럼 개선할 수 있을까?

구체적으로 이 질문은 '이슬람 원리주의라는 씨앗이 발아하지 않도록 정치·사회·경제적 환경을 유토피아적으로 개선할 수 있을까?'이다. 이슬람 역사에서 보았듯이 이슬람 원리주의 운동과 정치·사회·경제적 환경은 서로 무관하지 않다. 따라서 '이슬람 원리주의가 앞으로 세력을 확장할 것인가 아니면 쇠락할 것인가'라는 문제는 이슬람 국가들의 경제적 정의 실현, 민주주의 발전, 서구 특히 미국의 대이슬람-중동 정책 등에 어느 정도 관련이 있다. 그런데 이슬람 원리주의란 씨앗이 발아할 수 없을 정도로 정치, 사회, 경제적 환경을 완벽하게 개선할 수 있을까? 그런 유토피아를 꿈꿀 수 있을까? 유토피아는 철학자나 종교가의 이상으로 그려낼 수 있을지 모르지만 현실적으로 불가능하다.

따라서 이슬람 원리주의에 대한 재해석이 불가능하다면, 그리고 정치·사회·경제적 환경을 유토피아적으로 개선하는 것이 불가능하다면, 앞으로도 이 세계는 이슬람 테러리즘의 준동을 피할 수가 없을 것이다. 이것이 필자의 결론이다. 필자는 조국과 한국 교회를 위하여 이 사실을 분명히 밝히고, 알리고자 한다. 이것이 이 책을 쓴 목적이기도 하다.

이제 글을 맺으면서 몇 가지 호소를 하고자 한다.

① 이슬람을 갱신(타즈디드-tajdid)하려는 이슬람 신학자들의 노력을 지지하고, 후원하자.

이슬람 신학자들 가운데 이슬람 원리주의와 지하드를 현시대 상황에 맞춰 재해석하고, 이론과 실제에서 있어서 이슬람을 갱신(타즈디드-tajdid)하려는 사람들이 있다.[174] 이정배는 그의 책 『그래, 결국 한 사람이다(동연: 2016)』에서 튀르키예의 종교 지도자이자 학자였던 페트라 귤렌(Fethullah Gulen, 1941-)[175]을 소개한다. 튀르키예 국민들이 세속주의로 인해 지나치게 비이슬람적으로 기우는 것도 문제이나 그렇다고 이슬람 원리주의로 기우는 것도 바람직한 일이 아니다. 이런 딜레마 속에서 튀르키예를 구한 한 사람이 있었다. 그가 바로 귤렌이었다. 그는 세속주의를 극복하되 이슬람 속에서 인류 보편적인 가치를 추구하는 방식을 통해 양자 간 갈등이 아닌 관용을 튀르키예에게 선물한 인물이었다. 그는 무지와 가난 그리고 갈등을 튀르키예의 현실로 직시하고 학교를 세워 무지를 극복했고, 나눔으로 가난을 이겨냈으며, 온갖 갈등을 대화로 풀어냈다. 현재 그의 정신에 따라 사는 튀르키예인이 700만 명 이상이라고 하니 그의 영향력이 가히 어느 정도인지 알만하다. 하지만 정작 그는 튀르키예에 돌아오지 못한 채 세계를 떠돌고 있다. 그와 그를 따르는 사람들을 정치 세력으로 보는 집권자들의 두려움이 그의 입국을 거부하기 때문이다. 뿐만 아니라 그는 이슬람 원리주의자들로부터 '변절자'라고 비난을 받고 있다. 그는 쌍방으로 공격을 받고 있는 셈이다. 이정배는 "세속주의와 이슬람 원리주의 양 극단에서 갈등하던 자신의 조국에 차이를 보듬는 사랑과 관용의 정신을 설파한 한 사람, 귤렌에 의해 지금 이슬람 종교는 보편적 가치로 거듭나는 중이라."[176]고 평가한다. 역사적으로 보면, 이제까지 이슬람 원리주의는 성공했지만 이슬람을 갱신하려는 노력은 번번이 실패했다.[177] 그럼에도 불구하고 필자는 이슬람의 갱신(tajdid)을 희망이라고 생각한다. 우리는 그들을 지지하고 응원하자.

② 이 땅에 하나님의 나라를 이루기 위하여 십자가를 지자.

언젠가 이슬람 테러리스트들이 기독교인들을 참수하는 동영상을 본 적이 있다. 필자는 그들의 비인간성에 놀랐다. 어떤 이유에서라도 인간이라면 산 생명을 죽일 때 일말의 번민 같은 것이 얼굴에 스쳐야 하지 않겠는가? 그게 인간이지 않겠는가? 그런데 집행자들의 복면 뒤의 눈동자는 미동조차 하지 않았다. 그것은 그들이 확신범이란 증거이다. 그들이 확신하는 바가 무엇이겠는가? 이슬람 원리주의가 아니겠는가? 그렇다면 그들은 종교의 이름으로 사람의 생명을 죽였던 것이다. 이게 말이 되는가! 종교의 이름으로 사람을 죽이다니!

21세기에는 두 가지 일신론이 대립한다. 하나는 '기독교'로, 그리스도인들은 불신자를 마주할 때 '긍휼'을 나타낸다. 다른 하나는 '이슬람'으로, 무슬림들은 불신자를 마주할 때 '분노'를 느낀다. 이슬람은 지구상에서 오로지 이슬람만이 남을 때까지 비무슬림과 맞서 싸울 것을 종교적 의무로 규정한다. 예언자 무함마드는 '이슬람의 집(Dar-al-Islam)'을 확장하기 위하여 '죽이라'고 지하드를 명령했다. 반면 예수는 '하나님의 나라(Kingdom of God)'를 건설하기 위하여 '죽으라'고 십자가를 명령했다. 그래서 무슬림은 비무슬림을 죽이는 데 필요한 '칼'을 들었다. 반면 그리스도인은 자기가 매달릴 '십자가'를 졌다. 이슬람의 칼과 기독교의 십자가 중에 과연 무엇이 인류 구원을 위한 진정한 메시지인지 자문하고, 판단하고, 선택해야 할 것이다. 그리고 우리가 진정으로 예수를 따르는 자들이라면 이 땅에 하나님의 나라를 건설하기 위하여 십자가를 질 다짐을 새로이 해야 할 것이다.

# 미주

1   마크 A. 가브리엘/이찬미 역,『이슬람과 테러리즘』(서울: 글마당, 2009), 99에서 인용.

2   이집트의 '알 지하드'의 지도자, 1983년 미국 세계무역센타 폭파 사건에 연루되어 현재 미국 교도소에 수감되어 있다.

3   오사마 빈 라덴과 빈 라덴의 수석 고문인 아부 우바디야 알 반시리가 1988년에 조직한 이슬람 무장 단체이다. 알 카에다는 아프간 전쟁을 위해 수니파 이슬람원리주의들을 선발하고 훈련하는 일과 재정 지원을 맡았다. 다민족으로 구성된 수니파 무장 단체가 되었고, 범이슬람 칼리프 연합국을 세우는 것이 목표다. 조직원은 수백 명에서 수천 명에 이르는 것으로 알려졌다. 유대인과 십자군에 저항하는 지하드를 위한 세계 이슬람 전선 선언이란 또 다른 이름으로 불리기도 한다.

4   마크 A. 가브리엘,『이슬람과 테러리즘』이찬미 옮김(서울: 글마당, 2009), 58.

5   김용선 역주『코란』(서울: 명문당, 2006). 이 번역서에 대한 여러 가지 평가가 있지만 필자가 인용할 한국어 번역서는 이 번역서가 유일하다. 더 좋은 쿠란 번역서를 기다린다.

6   이븐 워라크,『이슬람 테러리즘 속 이슬람』서종민 역 (서울: 시그마북스, 2018 [Ibn Warraq, *The Islam In Islamic Terrorism: The Importance, Ideas, and Ideology*, New English Review Press, 2017] ), 28.

7   위의 책, 32.

8   위의 책, 35-36.

9   위의 책, 41.

10  와크프(waqf)는 '법의 이름으로 재산을 자선이나 신을 섬기는 데 사용하도록 책정하거나 헌납하는 행위이자 그 기부금이다.'로 정의된다.

11  위의 책, 45.

12  이븐 워라크, 60.

13  위의 책, 55.

14  이슬람 원리주의를 연구할 때 '살라피야'라는 단어를 만난다. 살라프는 일반적으로 무슬림 첫 세대인 이슬람력 제 1세기 때의 선조들을 지칭한다. 따라서 살라피야는 살라프 살라흐(as-Salaf as-Salih- 독실한 선조들)가 걸었던 길로 돌아갈 것을 주장하는 사상을 말한다. 살라피 운동은 이슬람 원리주의 운동이다. 박성은, "이슬람 역사에 나타난 급진적 살라피야 운동의 정의 개념",『중동연구 6』(2022), 72. 살라피 운동은 일반적으로 세 종류로 나뉜다. ① 지식적 살라피(살라피야 일미야) ② 지하드를 하는 살라피(살라피야 지하디야) ③ 전통적 살라피(살라피야 타끌리디야)이다. 공일주,『이슬람과 IS』(서울: CLS, 2015) 133-135.

15  장병욱,『이슬람 원리주의와 중동 정치』(서울: 한국외국어대학교 출판부, 2008), 3.

16  위의 책, 12.

17  현대 지하드의 아버지라 불리며, 이집트 작가이자 철학자로 그의 글은 이 집트 정부에 의해 금지되었다. 그는 1965년 체포되어 사형을 선고받고, 1966년에 처형되었다. 제 7장 '쿠트비즘'에서 상세히 다루고자 한다.

18  원리주의자들의 주장에 의하면 현대의 무신론적인 물질주의 사상 즉, 민주주의, 자본주의, 사회주의 등은 인간이 만든 세속적인 사상으로서 오늘날의 무슬림 세계에 적합하지 않다고 주장한다. 장병욱, 『이슬람 원리주의와 중동 정치』(서울: 한국외국어대학교 출판부, 2008), 21.

19  마크 A. 가브리엘/이찬미 역, 『이슬람과 테러리즘』(서울: 글마당, 2009), 130-131. 제 9장 '마우두디와 파키스탄'에서 상세히 다루고자 한다.

20  위의 책. 131-132.

21  장병욱, 『이슬람 원리주의와 중동 정치』(서울: 한국외국어대학교 출판부, 2008), 18.

22  양경규, 『이슬람주의-와하비즘에서 탈레반까지』(서울: 벽너머, 2027), 20.

23  모든 무슬림들이 실천해야만 하는 5개의 의무 사항은 ① 신앙고백(shahada), ② 기도(iqmat al-salah), ③ 금식(ssaum), ④ 이슬람 세금(zakah), ⑤ 순례(hajj)를 말한다.

24  타크피르의 어원인 쿠프르는 믿음의 반대말이고, 어휘적으로는 '덮음'이라는 뜻이다. 그래서 카피르는 믿음을 덮어버리므로 믿는 자의 반대말이다. 타크피르란 그런 상대를 이슬람으로부터 박탈시키고 그를 움마로부터 추방하는 것을 말한다. 이슬람 국가들에 자신과 종교적, 종파적 견해가 다르면 상대를 카피르로 몰아가는 현상인 타크피르가 너무 많이 퍼져있다. 공일주, 『이슬람과 IS』(서울: CLS, 2015) 71

25  압둘 라흐만의 강연은 카이로 대학가에 유포된 테이프에서 발췌한 것이다. 이집트와 사우디아라비아가 이슬람 원리주의자들에게 타도의 대상이 된 것은 아랍 세계 내에서 대표적인 친미 국가이며 부패 정권으로 인식되기 때문이다.

26  논리학 및 형이상학 교수인 레슬리 스티븐슨(Leslie Stevenson)의 말에 따르자면, 특정 무리의 사람들이 그들의 삶의 방식으로 특별한 믿음을 떠받들고 표준으로 삼는 것을 '이데올로기'라고 한다.

27  이븐 워라크, 『이슬람 테러리즘 속 이슬람』 서종민 역 (서울: 시그마북스, 2018 [Ibn Warraq, *The Islam In Islamic Terrorism: The Importance, Ideas, and Ideology*, New English Review Press, 2017]),141.

28  위의 책, 145.

29  위의 책, 146. 수피 작가들은 지하드를 두 종류로 나눌 수 있다고 말한다. '위대한 전쟁'이라는 뜻의 '알 지하드 알 아크바르'(al-jihadu 'I-Akbar)는 자신의 욕망과 맞서 싸우는 성전이며, '덜한 전쟁'이라는 뜻의 '알 지하드 알 아스가르'(al-jihadu 'I-asghar)는 비신자들을 상대로 하는 성전이다.

30  위의 책, 147-149.

31  위의 책, 138.

32  한국 이슬람은 1974년도부터 이슬람을 평화의 종교로 소개하는 약 56종의 도서를 발간해 왔다. 아래 도서들은 '조선일보' 등에서 추천, 권장 도서로 선정되어 이슬람 전파에 활용되고 있다. '어린이 이슬람 바로 알기 (2001)', '초등학생이 꼭 알아야 할 이슬람의 모든 것(만화, 2009).'

33  쿠란 8:60의 다른 번역. "그들에 대항하여 군마(軍馬)들을 포함하여 네 힘을 최대한으로 끌어올려 준비함으로 알라와 너의 적들 그리고 그 외 네가 아직 알지 못하나 알라는 알고 있는 적들의 마음속을 공포로 채우도록 하라."

34  아프리카 선교사인 피터 하몬드는 그의 책, 『노예화, 테러리즘 그리고 이슬람 Slavery, Terrorism and Islam』에서 이슬람 '다와(Dawah, 선교) 전략은 무슬림 인구 비율에 따라 단계별로 '다와' 방침을 강화한다고 주장한다. 예를 들어 1단계-한 국가에 무슬림 인구가 1% 내외일 때: 평화를 사랑하는 소수그룹을 지향하며 수면 아래에 잠복한다. 해당 국가- 미국, 호주, 캐나다, 중국, 이탈리아, 노르웨이. 2단계-무슬림 인구가 2-3%로 소폭 증가할 때: 감옥에 수감된 재소자를 집중적으로 무슬림화시킨다. 해당 국가-덴마크, 독일, 영국, 스페인, 태국. 3단계-무슬림 인구가 5%를 넘어설 때: 무슬림 인구의 비율을 높이기 위한 본격적인 전략을 구사한다. 해당 국가-프랑스, 필리핀, 스웨덴, 스위스, 네덜란드, 트리니다드 토바고. 4단계- 무슬림 인구가 20%가 넘는 기점으로: 폭동과 테러가 시작되고, 이슬람 성전(Jihad)을 일으킬 무장 조직을 한다. 해당 국가-에티오피아. 5단계-무슬림 인구가 40%를 돌파할 때: 광범위한 학살이 자행되고, 상습적인 테러가 발생한다. 조직화된 세력에 의한 전시 체제로 이행한다. 해당 국가-보스니아, 차드, 레바논. 6단계-무슬림이 60% 넘어서면: 기독교와 다른 종교를 박해하고 탄압한다. 배교자에 대한 세금 폭탄 등의 압박이 시행된다. 이슬람 율법인 샤리아를 근간으로 한 생활을 강요한다. 해당 국가-알바니아, 말레이시아, 카타르, 수단. 7단계-무슬림 인구가 80% 넘어서면: 국가 주도로 타 종교에 대한 압박이 강화되고, 대량 학살이 이뤄진다. 해당 국가- 방글라데시, 이집트, 인도네시아, 이란, 이라크, 요르단, 모로코, 파키스탄, 팔레스타인, 시리아, 타지키스탄, 터키, 아랍 에미레이트. 8단계-무슬림 인구 100%: 무슬림만의 '다르 알 이슬람'이 완성되었다고 보고 이슬람 율법(Sharia)이 국가 최고 헌법에 우선하는 신정 체제를 구현한다. 해당 국가-아프가니스탄, 사우디아라비아, 소말리아, 예멘. 이 충격적인 보고에 따르면 한국은 무슬림이 0.1%에도 미치지 못하는 1단계에 속해있다. 왜 한국 무슬림들이 이슬람을 평화의 종교로 애써 가장하는지 그 이유를 알 것 같다.

35  마크 A. 가브리엘 『이슬람과 테러리즘 그 뿌리를 찾아서』 이찬미 역 (서울: 글마당, 2009), 116에서 재인용.

36  이븐 워라크, 『이슬람 테러리즘 속 이슬람』 서종민 역 (서울: 시그마북스, 2018 [Ibn Warraq, *The Islam In Islamic Terrorism: The Importance, Ideas, and Ideology*, New English Review Press, 2017]), 176.

37  위의 책, 176.

38  장병욱, 『이슬람 원리주의와 중동 정치』 (서울: 한국외국어대학교 출판부,

2008), 30.

39  아부 우마마가 가로되 알라의 전령이 말했다. "알라는 천국에 들인 자들을 모두 각기 72명의 아내와 결혼시켜줄 것인데, 그중 두 명은 후리(천국의 미녀. 영원한 처녀)이며, 70명은 지옥의 사람들 중에서 고르는 것으로, 모두 이상적인 성기를 가지고 있으며 그 자신은 지치지 않는 정력을 가진 남자가 될 것이다." 이븐 워라크, 『이슬람 테러리즘 속 이슬람』 서종민 역 (서울: 시그마북스, 2018 [Ibn Warraq, The Islam In Islamic Terrorism: The Importance, Ideas, and Ideology, New English Review Press, 2017]), 179.

40  이븐 워라크, 『이슬람 테러리즘 속 이슬람』 서종민 역 (서울, 시그마북스, 2018 [Ibn Warraq, The Islam In Islamic Terrorism: The Importance, Ideas, and Ideology, New English Review Press, 2017]), 176.

41  위의 책, 180.

42  전 세계에 걸쳐 있는 테러 집단 가운데 약 1/4이 종교적 문제와 관련이 있다. 장병욱, 『이슬람 원리주의와 중동 정치』 (서울: 한국외국어대학교 출판부, 2008), 31.

43  투르크의 개혁 운동으로, 1839년 오스만 제국은 와해의 분위기를 극복하기 위하여 탄지마트로 불리는 광범위한 개혁에 착수하였다. 이 개혁의 주요 목표는 중앙 집권 체제의 강화, 징병제 실시, 유럽식 교육 제도 도입, 술탄 신민의 평등한 보호 등이었으며, 1876년에 헌법을 제정하고, 의회도 개설하였다.

44  사바크의 정식 명칭은 국가정보안보기구이다. 1957년 팔라비 2세가 CIA와 이스라엘의 모사드를 모델로 하여 설립했다.

45  시아파 이슬람 신학자나 법학자 사이에는 서열이 있다. 보통의 신학자나 법학자를 '무즈타히드'라고 부르고, 이보다 권위를 가진 이를 '호자톨레슬람(이슬람의 증거)'으로 부르고, 이 위에 '아야톨라(신의 기호)'가 있고, 그 위에 '아야톨라 우즈마(대아야톨라)' 혹은 '마르자에 타클리드'가 있다.

46  양경규, 『이슬람주의- 와하비즘에서 탈레반까지』 (서울: 벽너머, 2027), 63.

47  3차 중동 전쟁은 이스라엘이 1967년 6월 5일 PLO 테러에 대한 응징과 아랍 국가의 공격 위험에 대한 자위를 명분으로 이집트, 요르단, 시리아에 대한 전격적인 공습으로 시작된 전쟁이다. 개전 4일 만에 이스라엘은 이집트의 영토였던 가자 지구 시나이반도, 요르단의 영토였던 요르단 강 서안, 시리아의 골란고원을 점령하게 된다. 전쟁은 6일 만에 종료되었다. 아랍국들의 완전한 패배였던 이 전쟁은 아랍인들에게는 치욕의 역사로 남았다.

48  장병욱, 『이슬람 원리주의와 중동 정치』 (서울: 한국외국어대학교 출판부, 2008), 14.

49  이븐 워라크, 『이슬람 테러리즘 속 이슬람』 서종민 역 (서울: 시그마북스, 2018 [Ibn Warraq, The Islam In Islamic Terrorism: The Importance, Ideas, and Ideology, New English Review Press, 2017]), 313.

50  하디스는 무함마드가 말하고(Qual), 행동하고(Fiul), 다른 사람의 행위를 묵인한(Taqreer) 내용을 기록한 책이다. 하디스는 쿠란, 이즈마, 끼야쓰와 함께 사리야(이슬람법)의 4대 원천을 이루며, 쿠란 다음으로 중요한 자료이다.

51  양경규, 『이슬람주의- 와하비즘에서 탈레반까지』 (서울: 벽너머, 2027), 39-40.

52  이븐 워라크, 『이슬람 테러리즘 속 이슬람』 서종민 역 (서울: 시그마북스, 2018 [Ibn Warraq, *The Islam In Islamic Terrorism: The Importance, Ideas, and Ideology*, New English Review Press, 2017]), 322-323.

53  '타우히드'의 언어적인 의미는 '어떤 것이 하나가 됨'이란 뜻이고, 전문 용어로서의 타우히드의 의미는 '알라가 그가 관련된 모든 것에서 한 분이라는 것을 알고, 알라가 자신을 묘사한 모든 것을 받아들이는 것이다. 다시 말하면 타우히드는 다음 두 가지를 포함한다. ① 알라는 파트너(샤리크)가 없는 분이다. ② 이 사실을 믿고 인정(고백)한다.

54  그 당시 이븐 사우드는 히즈라(hijra-이주자들의 공간)로 알려진 촌락을 세우고 유목민들을 옮겨 살게 함으로써 그들을 이슬람화했다. 여기서 히즈라는 종교적인 의미로 우상 숭배의 집에서 이슬람의 집으로 이주했다는 뜻을 가진다. 따라서 히즈라는 주입식 종교 교육이 집중된 캠프나 마찬가지였다.

55  하심 가문이 패배하여 갈 곳을 잃자 영국은 하심 가문의 큰 아들에게는 요르단을, 둘째 아들에게는 이라크를 주어 각각 왕국을 세우게 한 후 사실상 그 국가들에게 영향력을 행사했다.

56  1천 년 이상의 오랜 역사와 전통을 자랑하는 알 아즈하르 대학교는 중동 지역에서 이슬람 학문의 중심이 되고 있다. 알 아즈하르의 그랜드 쉐이크의 금요 설교는 이집트 국민에게 가장 영향력을 미치는 이념 교육의 통로이다.

57  2020년도 지방 분교를 포함, 전교 학생 수는 299,000명에 달한다.

58  1922년 이래 이집트는 명목적으로 독립된 상태이나 이집트 군주정과 민족주의 와프당, 그리고 영국이 실권을 나눠 가진 채 서로 이합집산을 이루어 다투고 있었다.

59  이집트 독립(1922년) 후 당시 수에즈 운하 지역에는 대영 제국 소유의 재산을 지킨다는 명목으로 영국군이 주둔하고 있었다. 이스마일리아 지방은 수에즈 지역 내 영국군의 주둔지였다.

60  양경규, 『이슬람주의- 와하비즘에서 탈레반까지』 (서울: 벽너머, 2027), 51.

61  1차 중동 전쟁은 1948년 5월 14일, 이스라엘이 독립 국가를 선언하자 이를 저지하기 위한 아랍국 연합군이 공격하면서 시작된 전쟁이다. 이 전쟁은 미국의 지원을 받은 이스라엘의 승리로 끝났다.

62  제 7장-'쿠트비즘'에서 쿠틉에 대하여 자세히 다룰 것이다.

63  이븐 워라크, 『이슬람 테러리즘 속 이슬람』 서종민 역 (서울: 시그마북스,

64   2018 [Ibn Warraq, *The Islam In Islamic Terrorism: The Importance, Ideas, and Ideology*, New English Review Press, 2017]), 397.

64   위의 책, 399.

65   위의 책, 401.

66   공일주, 『이슬람과 IS』 (서울: CLS, 2015) 107.

67   무슬림 형제단은 후에 과격하고 급진적인 이슬람 원리주의로 분화되었는데, 그 조직으로 자마아 무슬리민, 알 타히리르 알 이슬라미, 자마아 알 지하드가 있다.

68   마크 A. 가브리엘『이슬람과 테러리즘 그 뿌리를 찾아서』이찬미 역 (서울: 글마당, 2009), 225-228. 쉐이크 오마르 압델 라흐만은 알 아즈하르대학에서 「쿠란 입문」을 가르친 교수였다. 그는 1993년 미국의 세계무역센터 폭파 사건의 주범으로 지금은 미국의 감옥에서 무기징역을 살고 있다. 그는 「쿠란과 이슬람법 해석」으로 철학 박사 학위를 받았다. 그 후 쉐이크 오마르 압델 라흐만은 오늘날 원리주의자들의 영적 지도자가 되었다.

69   이슬람 불리는 사다트 대통령을 암살한 후 "나는 파라오를 죽였을 뿐이다."라고 주장한 것으로 유명하다. 그는 사다트를 암살해야 했던 세 가지 이유를 다음과 같이 제시하였다.

첫째, 이집트의 기존 법률이 이슬람법과 일치하지 않음으로서 무슬림들은 고통을 겪고 있다.

둘째, 사다트는 이스라엘과 평화 협정을 체결함으로써 무슬림과 아랍인들의 정서를 무시했다.

셋째, 1981년 9월 사다트는 이슬람 원리주의자들을 무자비하게 체포, 구금, 고문하였다. 장병옥, 『이슬람 원리주의와 중동 정치』 (서울: 한국외국어대학교 출판부, 2008), 69에서 인용.

70   장병옥, 『이슬람 원리주의와 중동정치』 (서울: 한국외국어대학교 출판부, 2008), 55.

71   1992년 이슬람 원리주의자들은 카이로의 가장 빈곤한 지역인 임바바에 침투하여 자칭 '임바바 공화국'을 선포하였다. 1992년 11월 하순 자마아 이슬라미야의 군사 지도자 셰이크 게이버는 "임바바는 샤리아를 주요 법으로 하는 이슬람 공화국이 되었다."라고 로이터 기자에게 자랑스럽게 말했다.

72   장병옥, 『이슬람 원리주의와 중동 정치』 (서울: 한국외국어대학교 출판부, 2008), 79.

73   이 글은 '이슬람 연구'(기독교대한감리회 이슬람 연구원. 2020. 통권 5호)에 발표한 글이다.

74   사이드 쿠틉, 『진리를 향한 이정표』 서정민 옮김 (서울: 평사리, 2011) 12.

75   당시 그가 쓴 소설로『가시』가 있다.

76   자힐리야의 사전적인 의미는 '무지'이며 이슬람에서는 '알라에 대해 무지한 상태' 즉 이슬람 출현 이전의 시기 혹은 그런 상태를 의미한다.

77  'The Society of the Muslim Brothers', 또는 'The Muslim Brotherhood' 로 번역할 수 있다.

78  사이드 쿠틉,『진리를 향한 이정표』서정민 옮김 (서울: 평사리, 2011) 11, 12.

79  위의 책, 57.

80  위의 책, 183-189.

81  공일주,『이슬람과 IS』(서울: CLS, 2015) 101.

82  이슬람의 법체계이다. 종교 생활부터 가족, 사회, 경제, 정치, 국제 관계에 이르기까지 무슬림 세계의 모든 것을 규정하는 포괄적인 체계이다.

83  사이드 쿠틉,『진리를 향한 이정표』서정민 옮김 (서울: 평사리, 2011). 253.

84  위의 책, 104.

85  위의 책, 106-107.

86  이븐 루쉬드는 지하드를 넷으로 나누었다. 마음으로 하는 지하드, 혀로 하는 지하드, 손으로 하는 지하드, 그리고 칼로 하는 지하드이다. 혀로 하는 지하드는 선행을 권하고 악행을 금하는 것이고, 비무슬림에 대항하여 칼로 지하드를 하기 전에 무함마드는 이슬람을 평화적으로 초대하고, 상대의 신앙을 저항하고, 불확실한 것을 입증해주어야 한다고 했다. 그런데 그들과 싸우는 것 이외에 다른 방도가 없으면 그들과 전쟁을 벌인다. 공일주,『이슬람과 IS』(서울: CLS, 2015) 80-81.

87  사이드 쿠틉,『진리를 향한 이정표』서정민 옮김 (서울: 평사리, 2011). 141-142.

88  지난 1993년에 뉴욕의 세계무역센타에 대한 첫 번째 자살 폭탄 테러를 감행한 주모자로 유죄 선고를 받았던 쉐이크 오마르 압델 라흐만(Sheikh Omar Abdel Rahman)은 "왜 선생님은 늘 우리에게 지하드를 가르치십니까? 평화나 사랑, 용서에 대한 꾸란의 다른 구절은 없습니까?"라는 학생의 질문에 이렇게 대답했다. "형제여, 둘째로 '전리품(Spoils of War)'이라는 제목이 붙여진 수라는 있어도 '평화'라는 제목의 수라는 없다네. 지하드와 살인은 이슬람의 머리라네. 그것을 뺀다면 이슬람의 머리를 자르는 것과 같아." 마크 A. 가브리엘,『이슬람과 테러리즘』이찬미 역(서울: 글마당, 2009) 58.

89  사이드 쿠틉,『진리를 향한 이정표』서정민 옮김 (서울: 평사리, 2011) 67-73.

90  마크 A. 가브리엘은 그의 책에서 무슬림을 네 종류로 구분하였다. 즉 이슬람의 좋은 면들은 받아들이지만 지하드에 대한 부름을 거부하는 세속적인 무슬림(secular Muslims), 지하드가 비무슬림들과 싸우는 것이라는 것을 알지만 행동으로 옮기지 않는 전통적인 무슬림(traditional Muslims), 급진적인 이슬람 조직에 참여하지는 않지만 자신들의 종교가 위험을 받는다면 급진적인 조직에 가담할 가능성이 있는 헌신적인 무슬림(committed Muslims), 그리고 지하드란 이름으로 테러를 행하는 급진적인 무슬림(fundamentalist Muslims)이다. 마크 A. 가브리엘,『이슬람과 테러리즘』

이찬미 역(서울: 글마당, 2009), 77-78.

91 마크 A. 가브리엘, 『이슬람과 테러리즘』 이찬미 역(서울: 글마당, 2009), 176-177.

92 위의 책, 177.

93 위의 책, 180-181.

94 장병옥, 『이슬람 원리주의와 중동 정치』(서울: 한국외국어대학교 출판부, 2008), 185.

95 이븐 워라크, 『이슬람 테러리즘 속 이슬람』 서종민 역 (서울: 시그마북스, 2018 [Ibn Warraq, The Islam In Islamic Terrorism: The Importance, Ideas, and Ideology, New English Review Press, 2017]), 474.

96 위의 책, 477.

97 위의 책, 479.

98 장병옥, 『이슬람 원리주의와 중동 정치』(서울: 한국외국어대학교 출판부, 2008), 195.

99 이븐 워라크, 『이슬람테러리즘 속 이슬람』 서종민 역 (서울: 시그마북스, 2018 [Ibn Warraq, The Islam In Islamic Terrorism: The Importance, Ideas, and Ideology, New English Review Press, 2017]), 483.

100 장병옥, 『이슬람 원리주의와 중동 정치』(서울: 한국외국어대학교 출판부, 2008), 170.

101 위의 책, 189.

102 국가의 최정상에는 정치와 종교를 총괄하는 최고의 결정권자인 파키(Faqih)가 존재한다. 헌법 서문에는 종교적, 정치적 최고의 통치권이 파키에 있다고 명시되어 있다. 제1대 파키는 호메이니이다.

103 사바크는 이란 팔레비 왕정 당시 비밀경찰을 말한다.

104 장병옥, 『이슬람 원리주의와 중동 정치』(서울: 한국외국어대학교 출판부, 2008), 134.

105 이븐 워라크, 『이슬람 테러리즘 속 이슬람』 서종민 역 (서울: 시그마북스, 2018 [Ibn Warraq, The Islam In Islamic Terrorism: The Importance, Ideas, and Ideology, New English Review Press, 2017]), 484.

106 위의 책, 491-492.

107 루시디는 이슬람 테러를 응징하려면 이슬람 세계는 세속주의-인도주의 정신에 편승해야 하며 이와 같은 정신이 결여된다면 이슬람 세계의 자유는 공허한 꿈으로 남을 것이라고 강조했다. 장병옥, 『이슬람 원리주의와 중동 정치』(서울: 한국외국어대학교 출판부, 2008), 156.

108 베일(히잡, Hijab)은 히브(hib)에 뿌리를 두며, 동사는 하자바(hajaba)이다. 이 동사의 뜻은, 베일을 쓰기 위하여(to veil), 격리하기 위하여(to seclude), 감추기 위하여(to conceal) 등으로 어떤 것 자체를 시야로부터 감추거나 분리하는 것을 의미한다. 베일 착용에 대하여 꾸란에서 '베일(veil, 히잡 Hijab)'은 일곱 번(꾸란 구절 7:46 33:53 38:32 41:5 42:51

17:45 19:17) 언급되지만, 여성의 옷에 관계되어 베일을 언급한 구절은 오직 한 구절(꾸란 33:53 믿는 자들이여…너희는 선지자의 부인으로부터 무엇을 요구할 때 가림새(veil)를 사이에 두고 하라…)뿐이다. 아랍 국가 외에 무슬림들이 착용하는 대표적인 베일의 명칭은 이란에서는 차도르(chador), 파키스탄에서는 두파타(dupatta), 튀르키예에서는 챠르샤프(çarşaf) 또는 바소르투(basortu), 위구르족은 야글릭, 키르기스스탄에서는 졸로꾸라고 부른다.

109 이정순 박사는 한국 OM국제선교회 초대 부대표, 백석대학교 선교학 교수 역임, 순회 선교 사역 및 지역연구차 전 세계 6대주 94개국 방문(1980-2019). 현재 한국 OM국제선교회 자문위원, 선교타임즈 편집위원과 아신대학교 중동연구원 수석연구원으로 활동 중이다.

110 올해(2023) 노벨 평화상은 이란의 인권 운동가이자 언론인인 나르게스 모하마디(51)에게 돌아갔다. 모하마디는 '반국가 선전 확산' 혐의로 이란 당국으로부터 징역 10년 9개월을 선고받은 뒤 테헤란의 악명 높은 에빈교도소에서 복역 중이다. 이번 수상으로 모하마디는 이란 여성으로는 두 번째로 노벨 평화상을 받게 됐다. 그의 멘토이자 동료인 시린 에바디도 2003년 이 상을 받았다. (국민일보 2023. 10. 7일 보도)

111 '스탄'이라는 말은 고대 인도어인 산스크리트어로 '땅'이라는 뜻이다.

112 순니(Sunni) 이슬람이며 하나피 학파(Hanafi school)에 속하고, 와하비즘과 연계된 단체.

113 이븐 워라크, 『이슬람 테러리즘 속 이슬람』 서종민 역 (서울: 시그마북스, 2018 [Ibn Warraq, The Islam In Islamic Terrorism: The Importance, Ideas, and Ideology, New English Review Press, 2017]), 368.

114 위의 책, 371.

115 위의 책, 378.

116 위의 책, 379.

117 Sipah-e-Sahaba(SSP), Harkat-ul-Jihad-ul-Islami(HUJI), Lashkar-e-Taiba(LeT), Jamaat-ud-Dawa(JUD), Networks of Deobandi, Salafi/Wahabi, Deobandi Jaish-e-Mohammad(JeM), Harakat-ul-Mujahideen(HuM), Tehrik-e-Taliban Pakistan(TTP), Al-Qaida 등이 있다.

118 양경규, 『이슬람주의- 와하비즘에서 탈레반까지』 (서울: 벽너머, 2027), 263.

119 인민민주당 정부는 누르 모하마드 타라키가 이끌었는데, 사회주의 이행 방식을 놓고 내부에서 투쟁이 일어나면서 안정적인 권력 기반을 갖추지 못했다. 타라키 정부는 소련의 지도를 받으며 여성의 문맹 타파와 학교교육, 현대식 징병제, 부족 원로와 이슬람 성직자들의 토지 몰수, 이슬람식 교리에 유래하는 신부지참금과 강제 혼인제 폐지, 대학에서의 마르크스주의 의무 교육 등 근대적이고, 사회주의적인 개혁을 시행했다. 이런 근대적인 개혁에 여러 부족과 무슬림 세력이 강하게 반발했다.

120   이슬람은 유대교, 기독교, 공산주의를 거부한다. 공산주의를 거부하는 이유는 그들이 무신론자들이기 때문이다.

121   소련 군대가 1979년 아프가니스탄에 개입한 이후 파키스탄의 '지하울 하끄' 장군은 고위 장성들과 이슬라마바드에서 회의를 갖고 3가지를 발표했는데 그중 하나가 아프가니스탄 저항 세력과 연합하여 소련에 대항한다는 것이었다. 아프가니스탄에 대한 파키스탄의 정책은 국제적인 지원으로 아프가니스탄에서 소련의 침공을 막아내고, 아프가니스탄 국민들을 도와서 소련 군대에 대항하는 지하드를 하고, 협상테이블에서 정치적 외교적 해결을 모색하는 것이었다.

122   무슬림의 땅을 지키려고 무력으로 방어하는 무슬림을 무자히딘이라고 한다. 무자히딘은 아랍어로 "지하드에 참여한 사람들"이란 뜻이고, "전사"라는 말로 번역된다.

123   1988년 2월 8일 소련은 공식적으로 철군을 발표했다. 그렇게 시작된 철군은 1989년 2월, 침공 후 9년 2개월 만에 소련의 마지막 병력이 국경을 넘으면서 종료되었다. 소련군은 이 전쟁에서 1만 5천명이 전사했고, 3만 명이 부상당했다. 아프가니스탄 주민들 200만 명이 죽었고, 인구의 1/3인 500만 명 이상이 난민이 되었다. 소련은 이 전쟁에 쏟아부었던 엄청난 군비로 인해 경제가 휘청했고, 결국 붕괴의 길로 접어들게 되었다. 아프가니스탄 전쟁은 이렇게 지하드라는 이름으로 전쟁을 수행한 무자헤딘의 완벽한 승리였다.

124   1990년 이라크가 쿠웨이트를 침공하자 위협을 느낀 사우디 왕가는 미국의 지원을 요청하였다. 비록 사우디 왕가의 요청이긴 하였지만, 사우디 내 미군의 주둔은 이슬람 수니 원리주의자들의 눈에는 자신들의 신성한 땅을 더럽히는 이교도로 보였으며, 율법대로 처단해야 하는 지하드의 대상이었다. 이때부터 오사마 빈 라덴이 이끄는 알 카에다 조직의 지하드 대상이 소련에서 미국으로 바뀌었는데, 이 사건이 바로 2001년도의 9.11테러 사건이다.

125   지난 20년간 인명 사상자와 국방비 지출은 다음과 같다. 미군 사망자 2,352명, 부상자 20,149명, 미국에서 보낸 건설업 사망자 3,800명, 아프간군 사망자 69,000명, 아프간 민간인 사망 71,000명, 부상 70,000명, 미국의 국방비 지출 총 2조 달러.

126   이븐 워라크, 『이슬람 테러리즘 속 이슬람』 서종민 역 (서울: 시그마북스, 2018 [Ibn Warraq, *The Islam In Islamic Terrorism: The Importance, Ideas, and Ideology*, New English Review Press, 2017]), 452.

127   위의 책, 453.

128   위의 책, 454.

129   양경규, 『이슬람주의-와하비즘에서 탈레반까지』 (서울: 벽너머, 2027), 125-126.

130   아프가니스탄 낭가르하르주의 주도인 잘랄라바드에서 남서쪽으로 18킬로 떨어진 산악 지대이다. 토라보라는 '검은 먼지'라는 뜻으로, 거대한 암벽과 동굴로 이루어져 있다.

131　양경규, 『이슬람주의- 와하비즘에서 탈레반까지』 (서울: 벽너머, 2027), 196.

132　이븐 워라크, 『이슬람테러리즘 속 이슬람』 서종민 역 (서울: 시그마북스, 2018 [Ibn Warraq, *The Islam In Islamic Terrorism: The Importance, Ideas, and Ideology*, New English Review Press, 2017]), 458.

133　위의 책, 459.

134　제국의 종교 지도자가 되어 호화호식하는 지도자를 말한다.

135　이븐 워라크, 『이슬람 테러리즘 속 이슬람』 서종민 역 (서울: 시그마북스, 2018 [Ibn Warraq, *The Islam In Islamic Terrorism: The Importance, Ideas, and Ideology*, New English Review Press, 2017]), 459.

136　위의 책, 459.

137　공일주, 『이슬람과 IS』 (서울: CLS, 2015) 149.

138　양경규, 『이슬람주의- 와하비즘에서 탈레반까지』 (서울: 벽너머, 2027), 236.

139　'타크피르'란 이슬람에 있어서 어떤 사람을 불신앙인(카피르)이라고 선언하고, 이슬람 공동체에서 추방하는 것을 말한다. 기독교의 이단 선고에 해당한다.

140　이븐 워라크, 『이슬람 테러리즘 속 이슬람』 서종민 역(서울: 시그마북스, 2018 [Ibn Warraq, The Islam In Islamic Terrorism: The Importance of Beliefs, Ideas, and Ideology: New English Review Press, 2017]), 34-35.

141　하우사어는 하우사족들의 언어이다. 주로 나이지리아 북부에서 니제르 남쪽에 걸쳐서 사용된다. 아프리카아시아어족의 차드어파에 속한다. ko.wikipedia.org

142　ko.wikipedia.org

143　정작 쿠란에는 지구가 '타조알'처럼 큼지막하다고 나온다. 중세 이슬람 천문학 자체가 고대 그리스 천문학의 지구 구형설에 바탕을 둔 것이다. 이슬람 원리주의자들이 오히려 이슬람에 대해 무지한 것을 보여주는 사례 중 하나이다.

144　현재 인도네시아에서 사역 중인 H선교사는 필자의 요청에 의하여 「인도네시아에서의 이슬람 원리주의에 대한 정리」라는 글을 보내주었다. 현재 인도네시아에서의 이슬람 원리주의 흐름을 이해하는데 도움이 되었음을 밝힌다.

145　인도네시아의 건국 5대 원칙으로, 산크리스트어에서 '다섯'을 의미하는 '판차(Panca)'와 '원칙'을 의미하는 '실라(Sila)'의 합성어이다. 판짜실라의 5대 원칙은 다음과 같다. ① 유일신에 대한 믿음 ② 공정하고 문명화된 인본주의 ③ 인도네시아의 통합 ④ 합의제와 대의제를 통한 민주주의 실현 ⑤ 인도네시아 국민에 대한 사회 정의이다.

146　인도네시아에서의 살라피즘(Salafism)의 특징은 비정치적 입장을 유지

한다. 이슬람의 회복을 위해 통치자나 정부 전복 활동보다는, 개인의 도덕성에 초점을 맞춘다. 이들은 사회적으로 보수적이고, 반서구적이다. 대부분은 가르침, 설교 및 지적 활동을 통해 종교적 목표를 추구한다. 소수만이 폭력을 옹호한다. 인도네시아에서의 살라피 그룹은 al-Sofwah Foundation, Ihsa at-Turots Foundation 및 al-Haramain al-Khairiyah 와 같은 종교 교육 및 개종 기관 등을 기반으로 하고 있다. 하지만 최근 몇 년 동안의 가장 큰 살라피스트 운동은 FKAWI와 그 민병대인 Laskar Jihad였다.

147   파드리 운동(미냥카바우 전쟁이라고도 함)은 1803년부터 1837까지 인도네시아 서수마트라에서 파드리와 아다트 사이에서 벌어진 전쟁이다. 파드리는 수마트라 출신의 무슬림 성직자로서 인도네시아 서수마트라에 있는 미냥카바우 국가에 샤리아를 강제하고 싶어 했다.

148   인도네시아 급진주의 이슬람 그룹은 4가지 범주로 구분된다.

① 정치적, 교육적, 지적 그룹: Hizbut, Tahrir, Hizbul Khilafah, Ihsa at-Turots Foundation 등 급진적인 이슬람의 변화와 비폭력을 주장하는 단체들이다.

② 자경단(vigilante) 그룹: Front Pembela Islam(FPI, Islamic Defenders' Front)이 가장 잘 알려져 있다. 이 그룹은 특히, 매춘, 도박, 성적 유흥, 술 등에 대해 죄악시 하며, 이슬람을 수호하기 위한 노력을 강조한다.

③ 준군사조직(paramilitary): Forum Komunikasi Ahlus Sunnah wal Jamaah (FKAWJ, 예언적 전통과 공동체의 신봉자들을 위한 커뮤니케이션 포럼)의 민병대인 Lasker Jibad가 이 부류에 속한다. 다른 많은 조직들도 소규모의 전투 부대를 보유하고 있다. 1999년 말루쿠와 중부 술라웨시 지역에서의 종교 분쟁에 연관되어 있다.

④ 테러리스트: 인도네시아에서 주요 테러리스트 그룹은 Jemaah Islamiyah이지만, Wahdah Islamiyah, Lasker Jundullah, Mujahidin Kompak과 같은 작고 지역화된 그룹들도 있다.

149   '다룰 이슬람'의 활동을 세 시대로 나눌 수 있다. ① 1948년-1962년: 다룰 이슬람은 공화당 정부에 대항하여 무장 반란을 일으켰다. 샤리아에 근거한 이슬람 국가 공포, 지하드 선포, 약 20,000-40,000명 사망, 50만 채 이상의 주택 파괴 ② 1962년-1970년대 초: 다룰 이슬람은 거의 활동하지 않았다. ③ 1970년대 초-현재: 언더그라운드 운동으로 활동해왔다.

150   주요 파벌은 Panji Gumilang, Tahmid, Ajengan Masduki, Gsaos Taufik 및 Kang Jaga 등이 있다.

151   자마아 이슬라미야의 테러 활동 이력 ① 1993년-2000년 초까지 테러 초기 시기: 2000년 5월 메단의 여러 교회를 공격 ② 2000년 중반-2001년 후반: 반기독교 시기- 2000년 8월 자카르타 필리핀 대사관저 차량 폭탄 테러, 2000년 성탄절 전날 5개도에 걸쳐 38개 교회 공격, 19명 사망 ③ 2001년 후반-현재: 반서구적 시기- 2002년 10월 12일 발리 폭탄 테러, 202명 사망, 350명 중상, 2003년 8월 5일 MJ 메리어트 호텔 공격, 11명

사망.

152 '웨슬리타임즈'에 기고한 글을 수정한 것임을 밝힌다.

153 팔레스타인 해방을 위한 파트흐 운동은 야세르 아라파트, 무함마드 야신, 아흐마드 샤끼르 등의 리더십으로 1959년에 창설되었다. 현 팔레스타인 수반인 마흐무드 압바스(아부 마진)도 파트흐 운동의 주요 인물이다.

154 공일주 https://youtu.be/.mO3Y1cj8zyQ?에서 인용.

155 이정배 https//m.facebook.com/story.php?에서 인용.

156 OIC는 전 세계 이슬람국들이 모인 국제기구로서 총 57개의 국가가 참여하고 있다.

157 「이슬람 연구」(기독교대한감리회 이슬람연구원) 2024년 통권 09호에 기고한 글을 수정했음을 밝힌다.

158 조선일보 2011년 2월 8일자 국제면.

159 김요셉, 『이슬람의 진출 앞에선 대한민국』(서울: 리버사이드 전략출판부, 2016), 193.

160 위의 책, 118.

161 샘 솔로몬, 메리아스 알 막디시 『이슬람은 왜 이주하는가』 도움번역위원회 옮김(서울: 도움북스, 2019).

162 위의 책, 8.

163 위의 책, 15.

164 대한예수교 장로회 용천노회 이슬람대책위원회, 홍보책자 『이슬람의 할랄, IS, 결혼관 몰라도 좋은가?』 5.

165 위의 책, 6.

166 위의 책, 11.

167 유럽의 예에서도 볼 수 있듯이 진보 사상을 가진 이들은 이슬람이 서구 역사 속에서 희생을 강요당했다고 비호하는 반면, 보수 사상을 가진 사람들은 이슬람의 무한 확장을 우려하고, 비판적으로 바라본다.

168 '이슬람 선교포럼' (2009년) 유인물 12를 보라.

169 Gilles Kepel, The war for Muslim minds, 96-107.

170 우리나라는 2016년 3월 우여곡절 끝에 국회에서 테러방지법이 통과되었다.

171 "한국에서의 자생 테러 가능성을 높게 보는 이유", 2016년 3월 23일, 아시아투데이, 정지희 기자.

172 공일주, 『이슬람과 IS』(서울: CLS, 2015) 19.

173 '이즈티하드'란 법학자가 법적 텍스트를 이해하는데 온갖 노력을 다 기울이는 것을 말하고 법적 명령(알라의 명령)을 찾는 것이다. 증거 자료로부터 알라의 명령을 찾는데 법학자가 최선을 다하는 것을 의미한다.

174 공일주는 그의 논문「꾸란 주석의 Renewal과 현재 무슬림에 대한 기독

교적 접근」(미간행)에서 타지디드의 주석가 나쓰르 하미드 아부 자이드를 소개한다. 그는 카이로 대학교에서 그의 교수직 승진 심사 과정에서 "그의 글이 쿠란과 순나의 텍스트에 적대적이고, 쿠란의 신적 출처를 부인하고, 맑시즘과 세속주의를 옹호한다."는 비판을 받았다. 결국 1997년에 그는 '쿠프르'라는 판사의 판결을 받고, 그의 아내와 이혼을 요구받았다.

175  페트라 귤렌(Fethullah Gulen, 1941-)은 봉사를 바탕으로 이슬람의 가치를 알리는 '히즈메트(Hizmet: 봉사란 의미) 운동을 이끌고 있다. 수백만 명의 추종자들로부터 받은 기부금으로 학교, 싱크탱크, 언론사 등을 운영하며 인재를 양성해오고 있다.

176  이정배, 『그래, 결국 한 사람이다』(서울: 동연, 2016). 131.

177  공일주는 그의 논문 「꾸란 주석의 Renewal과 현재 무슬림에 대한 기독교적 접근」(미간행)에서 "지난 500년간 아랍에서 타즈디드는 성공하지 못했다."고 했다.